Omid Nouripour

Mein Job, meine Sprache, mein Land

Omid Nouripour

Mein Job, meine Sprache, mein Land

Wie Integration gelingt

FREIBURG · BASEL · WIEN

Gedruckt auf umweltfreundlichem, chlorfrei gebleichtem Papier

Originalausgabe

Alle Rechte vorbehalten – Printed in Germany
© Verlag Herder Freiburg im Breisgau 2007
www.herder.de
Satz: Barbara Herrmann, Freiburg
Druck und Bindung: fgb · freiburger graphische betriebe 2007
www.fgb.de
Umschlaggestaltung und Konzeption:
Agentur R·M·E, Roland Eschlbeck & Team
(Ruth Botzenhardt, Liana Tuchel)
Covermotiv: © gettyimages
ISBN 978-3-451-29582-9

Inhalt

Zur Sprache diese Buches 9

Einleitung – oder: Wie ich lernte, meinen Pass zu lieben 10

Terrorismus und Toleranz 14

Rütli und Respekt, Multi- und Leitkulti 37

Was hält die Gesellschaft zusammen? 73

Aufstand der Zuständigen 101

Friede der Stadt, Friede der Welt 135

Ausblick Europa 161

Anhang – oder: Wie Integration gelingt 188

Dank 191

Den Putzfrauen des Wirtschaftswunders

Zur Sprache diese Buches

„Ausländer", „Migrant", „Einwanderer", „Zuwanderer", „Immigrant", „Mitbürger mit Migrationshintergrund" – keiner dieser Begriffe wird der heterogenen Gruppe von Menschen, die er beschreiben soll, gerecht. Wer in der dritten Generation hier geboren ist, ist kein Migrant. Und: Keiner dieser Begriffe erklärt, wie man „den Rest" beschreiben soll. „Deutsche", „Eingeborene", „Ur-Deutsche"? Mir persönlich gefällt am besten die Unterscheidung zwischen „alten" und „neuen Inländern". Aus Gründen der Lesbarkeit habe ich mich allerdings für die Begriffe „Migrant", „Einwanderer" und „Mensch mit Migrationshintergrund" entschieden, die andere Seite heißt bei mir „Mehrheit" oder „Ur-Deutsche". Damit werde ich vielen Menschen nicht gerecht. Sie mögen mir vergeben.

Einleitung – oder: Wie ich lernte, meinen Pass zu lieben

Ohne Heimat sein heißt leiden.
(Fjodor Michailowitsch Dostojewski)

Reisedokumente sind kein Aphrodisiakum. Wer sie ausstellt, wird in der Regel dafür nicht gehätschelt. Und die kontroverse Frage, ob man den Staat hinter dem Beamten lieben kann, beantwortete Gustav Heinemann mit dem berühmten Satz: „Ich liebe keine Staaten, ich liebe meine Frau." Ich aber liebe meine Freundin und meinen Pass. Und ich bin stolz darauf, Deutscher zu sein.

Ich stellte 1993 erstmals den Antrag auf die deutsche Staatsangehörigkeit. Ich bekam ihn – im Jahre 2002. Ich bin seitdem deutsch-iranischer Doppelstaatler. Dafür habe ich den Beamten kiloweise Unterlagen beigeschafft, Formulare ausgefüllt und Briefe geschrieben. Ich bin mit dem Zug, mit dem Flugzeug, mit dem Fahrrad und zu Fuß gereist. Gäbe es in Deutschland die Pendlerpauschale für Ämtergänge, hätte ich jetzt genug Kapital beisammen, um eine englische Fußballmannschaft aufzukaufen. Ich habe mehrere Monate wartend auf Amtsfluren verbracht. Ich habe mich zu Zeiten der Unterschriftenkampagne gegen die doppelte Staatsbürgerschaft fast auf der Straße prügeln müssen. Ich habe mehrfach unterschreiben müssen, dass ich bereit wäre, meinen iranischen Pass abzugeben.

Mein Pass hat mich zur Politik gebracht. Als ich den

Antrag auf Erteilung der deutschen Staatsbürgerschaft stellte, dachte ich nicht, dass es knapp ein Jahrzehnt dauern könnte, bis ich das kleine violette Buch endlich in den Händen halten würde. Trotz Wiedervereinigung hat die Ausstellung dieses Dokuments länger gedauert als die Auslieferung so manchen Trabants in der ehemaligen DDR. Wer lange auf etwas wartet, lernt es zu schätzen: Heute kann ich sagen, dass ich gelernt habe, meinen Pass zu lieben. Diese Liebesgeschichte mit ihren vielen absurden Umwegen liegt diesem Buch zugrunde. Denn wenn ich sie nicht durchlebt hätte, hätte ich nie erfahren, was in diesem Land mit der Integration seiner Immigrantinnen und Immigranten schiefläuft, hätte ich vermutlich nie begonnen, mich politisch zu engagieren, nie die Menschen und ihre Probleme kennen gelernt, von denen ich in diesem Buch berichten werde.

Die Politik ist mittlerweile mein Hauptberuf geworden und so beschäftige ich mich damit, Lösungen für diese Probleme zu finden. Ich möchte sie in diesem Buch darlegen, Position beziehen und damit einen Beitrag dazu leisten, die ideologisierte und festgefahrene Debatte zu beleben.

Deutschland und Wisconsin

Es ist unbestritten, dass wir wegen der Versäumnisse der letzten Jahrzehnte ein Integrationsproblem haben. In diesem Buch soll es aber um die Zukunft gehen. Wie gehen wir mit den Versäumnissen um? In welcher Gesellschaft wollen wir leben? Wie kommen wir dorthin? Ich möchte versuchen, diese Fragen hier so konkret wie möglich zu beantworten. Oder vielmehr: die Geschichten der Menschen, um die es bei der Integration schließlich geht, zu erzählen. Denn wenn man genau hinschaut, zuhört, nachdenkt, dann sind die Antworten nicht mehr so weit weg.

Die Geschichten der Migranten beginnen zwangsläufig mit der Frage: Warum kommen eigentlich so viele Menschen nach Deutschland? Schon der Vater aller Historiker, Herodot, wusste, dass der Verlust der Heimat das größte Unglück auf Erden darstellt. Niemand lässt sein vertrautes Heim, Verwandte, vielleicht sogar seine Familie freiwillig hinter sich. Die Gründe für Emigration sind vielfältig. Aber fast alle Menschen sehnen sich nach einem Leben in Freiheit, Wohlstand, persönlicher, sozialer und ökologischer Sicherheit. Erlaubt die Situation in einer Region oder in einem Land nicht, die Lebensumstände zu ändern, bleibt nur noch das Leben in einer anderen Region oder in einem anderen Land. Das ist zum Beispiel der Grund, warum in Wisconsin fast jede zweite Kneipe einen deutschen Namen hat.

Deutschland ist ein freies Land mit großer Wirtschaftskraft und einem sehr hohen Lebensstandard für fast alle seine Einwohner. Das ist in vielen Staaten der Welt anders. Die meisten Menschen wollen nicht nach Deutschland. Sie wollen glücklich in ihrer Heimat leben. Erst wenn dies absolut aussichtslos erscheint, wagen sie den Schritt in die Migration.

Ein- und Auswanderung ist ein Spiegel der wirtschaftlichen und politischen Entwicklung in diesem Land und in der Welt. Dass seit einigen Jahrzehnten mehr Menschen nach Deutschland kommen als aus Deutschland weggehen, ist ein Zeichen dafür, wie gut es dem Land geht. Trotz hunderttausender Einwanderer hat dieses Land nie akzeptiert, dass es ein Einwanderungsland ist. Es gab niemals eine Regelung für die Migration nach Deutschland. Deshalb gibt es keine deutsche Tradition der Einwanderung, obwohl es hier Einwanderung gibt. Deutschland ist in dieser Frage ein Entwicklungsland. Das muss sich ändern. Wir müssen Neuankömmlinge integrieren, wir müssen ihnen dieses Land und seine Regeln näherbringen. Um sie willkommen zu heißen und ihren Hunger zu nutzen.

Terrorismus und Toleranz

> *Bloßes Ignorieren ist noch keine Toleranz.*
> *(Theodor Fontane)*

Am Morgen des 11. Septembers 2001 besteigt Ziad Jarrah am New Yorker Flughafen Newark den Flug 93 der Fluggesellschaft United Airlines. Das Flugzeug muss in einer Schlange von Maschinen auf seine Starterlaubnis warten, Routine, und hebt um 8:42 Uhr ab. Eine Stunde später hat man im Cockpit schon die Nachricht erhalten, dass zwei von Terroristen entführte Flugzeuge ins World Trade Center geflogen sind. Noch bevor die Piloten nachfragen können, was es mit der Warnung vor dem Eindringen von Terroristen ins Cockpit auf sich hat, sind sie bereits von vier Männern überwältigt. Ziad Jarrah steuert die Boeing 757 in Richtung Washington D. C. Nur durch das mutige Eingreifen einiger Passagiere kann die Maschine von ihrer tödlichen Route abgebracht werden und stürzt auf einer freien Fläche in Pennsylvania ab.

Die Geschichte ist weithin bekannt. Dass dieser Tag die Welt verändert hat, muss ich nicht weiter ausführen. Dass er meine Welt verändert hat, dagegen schon. Drei der vier Piloten und mehrere Drahtzieher hatten eine gewisse Zeit ihres Lebens in Deutschland verbracht und als Immigranten ein an der Oberfläche normales Leben geführt. Einige der Mitglieder der so genannten Hamburger Zelle sind bereits mit islamistischen Überzeugungen nach Deutschland gekommen und haben sich ihr Leben bewusst als Fassade eingerichtet. Bei Jarrah scheint das anders gewesen zu sein. Unter der Oberfläche rang er mit der westlichen Gesellschaft. Das war bestimmt nicht der einzige Grund, weshalb er, so wie einige andere Gewalttäter mit ähnlichem Hintergrund, zum Terroristen geworden ist. Und Terrorismus ist auch nicht in erster Linie ein Problem der Migration. Er resultiert aus einer Gemengelage von Gründen, aus der die Probleme einer gescheiterten Integration jedoch kaum wegzudenken sind.

In den Tagen nach dem Anschlag, nach dem man in allen Medien die Fotos der Täter sehen konnte und ihre Geschichten überall zu lesen waren, änderte sich mein Leben deutlich – und das anderer Migranten gleichermaßen. Viele Menschen begannen, unter der Oberfläche des alltäglichen Lebens orientalisch aussehender Menschen in Deutschland die Abgründe der Täter des 11. Septembers auszumachen. Wie noch am 10. September und in den dreizehn Jahren zuvor, bin ich am Morgen des 12. Septembers im Frankfurter Nordend zum Bäcker gegangen. Das Nordend in Frankfurt – für die, die es nicht kennen – liegt im Herzen der Stadt und ist nicht gerade eine Hochburg deutschnationalen Gedankenguts. Mit einem Grünenwähler-Anteil von konstant über 30 Prozent, zahlreichen Restaurants und Lebensmittelläden aus aller Herren Länder und einem überdurchschnittlich hohen Bildungs- und Einkommensniveau ist es eine Art urbanes Musterviertel für Toleranz und Weltoffenheit.

Dass sich auch dort etwas verändert hatte, das merkte ich am Morgen nach den Anschlägen nicht nur daran, dass auf der Titelseite der Frankfurter Allgemeinen am

Kiosk ausnahmsweise ein Foto abgedruckt war, nämlich das des rauchenden World Trade Centers, sondern auch daran, dass mit einem Mal alle Gespräche verstummten, als ich den Bäckerladen betrat. Nach der Unterschriftenkampagne der hessischen CDU zum zweiten Mal in meinem Leben in Frankfurt habe ich mich, sozusagen direkt vor meiner Haustür und an dem Ort, den ich bedingungslos meine Heimat zu nennen entschieden hatte, ausgeschlossen gefühlt. Selten fühlt man sich im Leben mehr an den Rand gedrängt als in den Momenten, in denen sicher ist, dass alle über einen reden, ohne dass man davon wirklich weiß.

Das Schlimmste aber war, dass ich merkte, dass meine Entscheidung, Deutschland, Frankfurt, das Nordend meine Heimat zu nennen, von denen, die schon immer dort lebten, nicht unbedingt zur Kenntnis genommen, geschweige denn akzeptiert worden war. Dass mein ganzes Projekt, Deutscher zu werden, also die deutsche Staatsbürgerschaft zu erwerben, für das ich so viele Stunden in Anwaltskanzleien und Amtsstuben verbracht hatte, auf tönernen Füßen stand. Dass es nur einer fernen Erschütterung bedurfte, um die Probleme wieder offenzulegen, die ich schon so lange für mich persönlich als gelöst ansah. Kurz gesagt: Man stieß mich, in meinem Bäckerladen, den ich seit dreizehn Jahren besuchte, darauf, dass ich auch nur ein Ausländer bin – und ein Muslim noch dazu.

Vielleicht hätte ich vorgewarnt sein sollen. Schon am Nachmittag des 11. Septembers selbst fuhr ich mit dem Zug von Groß-Gerau, einem Ort in Südhessen, zurück nach Frankfurt: „Das waren die Scheißmoslems" hörte ich von einem Passagier eine Sitzreihe weiter als einzigen Kommentar zu den Attentaten. Ich stellte den Mann aufgrund seiner Wortwahl zur Rede und es kam zu einem heftigen Streit. Im ganzen Großraumwagen waren alle seiner Meinung. Wir kamen glücklicherweise rechtzeitig in Frankfurt an, bevor der Disput eskalierte.

Am Mittwoch, dem 12. September 2001, gab es in Frankfurt eine große Solidaritätskundgebung für die Opfer der Anschläge in New York und Washington D. C. Selbstverständlich war ich auch da, noch immer vollkommen traumatisiert von den Bildern des vorherigen Tages. Mein Schock wurde jedoch noch größer, als ich im Demonstrationszug Helfer der Freiwillen Feuerwehr traf, die nicht damit einverstanden waren, dass gerade ich, einer aus dem „Kulturkreis der Täter", mit ihnen marschierte. Ich ignorierte sie erfolgreich – zumindest äußerlich.

Ich beschloss, mit diesen traurigen Geschichten an die Öffentlichkeit zu gehen. Schließlich konnte ich doch nicht der Einzige sein, dem so etwas widerfährt. Und ich hatte Recht. Nach meinem Auftritt in Alfred Bioleks „Boulevard Bio" bekam ich eine Menge Geschichten zu hören von Menschen, die ebenfalls ihre persönlichen 9/11-Erlebnisse hatten. Die traurigste war die eines Mädchens namens Asye aus Köln, die am Mittwoch, dem 12. September 2001, in ihre Schulklasse ging, um an der Tafel den Spruch lesen zu müssen: „Asye ist ein Terrorist." Sie beschwerte sich bei ihrem Lehrer, der achselzuckend sagte: „Stimmt doch!"

Die Diskussion über den Zusammenhang von Terrorismus und Immigration war entbrannt, auf der Straße ebenso wie in den Gazetten und Talkshows der ganzen Republik. Wer immer schon gewusst hatte, Multikulti sei gescheitert und eine Integration und Einbindung fremder Kulturen in westliche Gesellschaften unmöglich, bekam wieder Oberwasser und durfte seine Thesen medienwirksam verbreiten. Selbst bei vormals eher umsichtig argumentierenden Geistern, wie bei der verstorbenen italienischen Journalistin Oriana Fallaci, kochten die Gemüter hoch. In ihrem Buch „Der Wut und der Stolz" holte sie zum Generalangriff gegen den Islam und zur Verteidigung des christlichen Abendlandes aus und verleitete viele ihrer Leser zur Identifikation der realen Gefahr des radikalen Islamismus mit der friedlichen Religionsausübung durch in Europa lebende Muslime.

Auf den ersten Blick habe ich außer meinem orientalischen Äußeren und einem nichtdeutschen Namen wenig mit Ziad Jarrah gemeinsam. Aber neben der Tatsache, dass sich mein Leben infolge der Anschläge von Jarrah und seinen Mittätern in vielerlei Hinsicht verändert hat, gibt es noch eine Reihe weiterer Parallelen zwischen meiner Biografie und seiner. Dennoch sitze ich heute im Deutschen Bundestag, während Jarrah seinen Platz in den Annalen der größten Feinde der freien Welt gefunden hat. Etwas hatte also stattgefunden, das für solch unterschiedliche Schicksale bei gar nicht so verschiedener Ausgangslage gesorgt hat. Natürlich kann man das Leben zweier Menschen nicht pauschal auf der Grundlage abstrakter biografischer Daten beurteilen, Geschehnisse interpretieren, ohne zu wissen, was in der Person vorgeht. Ein genauerer Blick auf unsere beider Geschichten kann aber interessante Hinweise darauf liefern, wo in unserem Land bei der Integration Dinge schieflaufen.

Ziad Jarrah wird 1975 in Mazraa im Libanon geboren und wächst in einer säkularen Familie in gesicherten Verhältnissen auf, besucht gar eine katholische Schule. Ähnlich war es auch bei mir. Im selben Jahr, gut einen Monat später in Teheran zur Welt gekommen, wuchs ich in einer Familie auf, die zum aufgeklärten, säkularen Bürgertum des vorrevolutionären Iran gehörte. Mein Vater und meine Mutter arbeiteten beide als Ingenieure im zivilen Flugzeugbau. Der Beginn meiner Schulzeit, und also auch der von Jarrah, fällt mit den ersten Jahren der „revolutionären" Regierung von Ayatollah Khomeini zusammen. Ich besuchte anfangs eine assyrisch-orthodoxe Schule, in der aber teilweise staatlich bestellte, muslimische Lehrer unterrichteten, die auf der Linie des Regimes waren. In der Schule waren wir heftiger Propaganda seitens der neuen Regierung ausgesetzt. Mein Lehrer auf meiner zweiten Schule war überzeugter, man sollte sagen fanatischer Anhänger des Systems.

Der erste Golfkrieg, in dem die westliche Welt Saddams irakisches Regime für den Kampf gegen die Mullahs hochrüstete, prägte das Leben der Region – auch das an unserer Schule. Dass Saddam der große Ungläubige sei, hatte man uns häufig genug eingetrichtert. Dass der Glaube und der Staat Khomeinis im Angesicht Allahs überlegen seien, ebenso.

Die Aufregung war daher grenzenlos, als der Lehrer uns eines Tages eröffnete, wir würden einen Ausflug an die Front machen. Dort würden wir mit echten Kameraden den echten Feind bekämpfen, in echten dreckigen Schützengräben herumkriechen. Wir waren begeistert. Unseren Müttern und Vätern erzählten wir, dass die Klasse zwei Wochen nach Mashad – die heilige Stadt im Nordosten Irans – fahren würde, um dort zu pilgern. Tatsächlich hielten alle dicht, die Fahrt an die Südwestfront fand statt.

Es war viel mehr als das Gefühl der Seligkeit, das uns die staatliche Verklärungspropaganda täglich zu vermitteln vermochte. Es war viel mehr als nur der Reiz der Gruppendynamik. Es war Freiheit. Wir waren eigenständig. Es war niemand da, der uns etwas verbot. Wir fühlten uns mit den Soldaten, die wir besuchten, gleichrangig. Wir fühlten uns das erste Mal in unseren Leben uneingeschränkt ernst genommen. Kindersoldaten, denen man eintrichtert, dass sie für das Richtige kämpfen, sind eine starke Waffe: Die Mischung aus der Gewissheit, für etwas Richtiges zu kämpfen, und dem Gefühl, ernst genommen zu werden, macht ihre Stärke aus. Diese missionarische Gewalt hinterlässt Spuren in den Menschen, die einmal in ihre Nähe gekommen sind. Vielleicht hatte Jarrah, wahrscheinlich hatten andere Terroristen ähnliche Prägungen, die ihre spätere Sozialisation, oft im Ausland, nicht mehr verändern konnte.

Während meine Altersgenossen in Deutschland, mit denen ich später die Schulbank drücken sollte, mit ihren Eltern Diskussionen über das Für und Wider von Knallmunition zu Fasching auszustehen hatten, schoss ich, ohne das Wissen meiner Eltern, auf ungläubige Iraker.

Teilweise habe ich dem geglaubt, was man uns damals erzählte, und hätte es nicht meine Eltern, vor allem meine Mutter, gegeben, mein Weltbild sähe heute wahrscheinlich anders aus. „Das, was man euch in der Schule erzählt, ist falsch, ist Propaganda, sind Lügen", wurde sie nicht müde, mir entgegenzuhalten: Ich bin ihr bis heute unendlich dankbar dafür. So wie sie haben damals abertausende von Familien versucht, ihre Kinder dem ideologischen Dauerbeschuss der Männer mit den weißen Bärten zu entziehen – hätte es sie nicht gegeben, der Iran, und vor allem Teheran, wäre heute vermutlich nicht eine der im Grunde aufgeklärtesten und weltoffensten Orte der islamischen Welt.

Von Ziad Jarrahs Eltern wird berichtet, sie seien weltoffen und säkular. Sein Vater hat nach den Anschlägen vom 11. September als einziger Angehöriger der Terroristen keine Verschwörungstheorien gesponnen, sondern seine Scham, seinen Schmerz und seine Niedergeschlagenheit angesichts der Tat seines Sohnes zum Ausdruck gebracht. Es ist sicherlich zu einem guten Teil der Erziehung dieses Vaters zu verdanken, dass sein Sohn Ziad in den Berichten, die wir über ihn kennen, als fröhlich, lebensbejahend, ja hedonistisch beschrieben wird.

Der erste große Unterschied zwischen Jarrah und mir liegt darin, dass ich früher und mit meiner Familie nach Deutschland kam. Seit 1988 lebe ich in Frankfurt. Ich habe also auch den größten Teil meiner Gymnasialzeit hier verbracht, in einer offenen Großstadt mit einer Vielzahl kultureller Angebote, in einer Schulklasse, in der ich schnell viele Freunde gewonnen habe, mit einer um Integration bemühten Familie.

Jarrah ist schon deutlich älter, als er zum Studieren nach Deutschland kommt und in Greifswald landet.

Wenn auch die Greifswalder Universität einen guten Ruf hat, kann man doch von diesem beschaulichen Städtchen in Mecklenburg-Vorpommern nicht gerade behaupten, dass es ein Hort kosmopolitischer Urbanität wäre. Jarrah nutzt trotzdem die Angebote, die es gibt. Man erzählt, dass er Discos und Beachpartys besuchte. Bis zu seinem Tod dauert die Beziehung zu seiner türkischen Freundin, die von seinen glaubensfesten Freunden mit Argwohn beobachtet wird. Sein Abschiedsbrief an sie ist ein gefühlvolles Dokument des Schreckens. Seine verblendete Märtyrer-Romantik lässt ahnen, wie zerrissen er bis zuletzt war.

Nach einiger Zeit zieht Jarrah nach Hamburg-Harburg, um dort weiterzustudieren. Die Universität, bedeutet größere Autonomie und eine weniger feste Einbindung in einen sozialen Kontext, als dies in der Schule der Fall war. Und Greifswald steht am Anfang seiner Zeit in Deutschland für einen Ort, an dem es kaum Möglichkeiten gibt, aus der Vielzahl der Lebensmodelle, -stile, -formen, die dieses Land bereithält, auszuwählen; es gibt wenig kulturelle Angebote und außerhalb der Universität eine Gesellschaft, die Fremden wenig Interesse und Offenheit entgegenbringt.

An einem gewissen Punkt, wir wissen nicht genau, was in Jarrah zu diesem Zeitpunkt vorgegangen ist, kommt er in Kontakt mit einer Szene, die man vielleicht als Hinterhof- oder Untergrund-Islam bezeichnen könnte, und die für viele Muslime, die neu nach Deutschland kommen, vor allem an Orten wie Greifswald, die einzige Anlaufstelle ist, die für sie eine Verbindung mit der Kultur ihrer Heimat darstellt. Ein Paralleluniversum, in dem sich diejenigen zusammenfinden, die in der deutschen Gesellschaft (noch) keine Heimat gefunden haben. Auf Paralleluniversen werden wir im übernächsten Kapitel wieder zu sprechen kommen.

Dieses Milieu wird für Jarrah ein Ersatz für ein wirklich befriedigendes kulturelles Umfeld, das er im „normalen" Greifswald nicht gefunden hat – und mit der Zeit sein einziges soziales Beziehungssystem. Jarrah ist der zerrissenste unter den Terroristen, bis zuletzt scheint er sich nicht gänzlich dem fanatischen Glauben der anderen Terroristen untergeordnet zu haben, telefoniert regelmäßig mit seiner Freundin, macht Pläne für die Zukunft, feiert noch während des Besuchs der Flugschule in den USA kurz vor den Attentaten in Nachtclubs. Und doch hat er wohl innerlich seine Ablehnung der westlichen Gesellschaft, die ihn in Greifswald irgendwann erfasst haben muss, nie verkraften können.

Natürlich wird nicht jeder, der mehr oder weniger häufig diese obskuren Moscheen und Vereine besucht, gleich ein Terrorist. Der Verfassungsschutz schätzt die Zahl der islamischen Extremisten in Deutschland auf 35 000, davon werden etwa 5000 als gewaltbereit eingestuft. Der Großteil davon ist in der Organisation Milli Görüs versammelt. Man geht von 27 000 bis 30 000 Mitgliedern aus. Der Verfassungsschutz beobachtet Milli Görüs und berichtet, sie strebe einen islamischen Staat auf deutschem Boden an, allerdings ohne Gewalteinsatz. Der Innenminister lädt sie gleichzeitig zu Gesprächen ein. Das ist nicht falsch, zeigt aber, dass die Linie der Politik und die des Verfassungsschutzes einander widersprechen.

Es gibt nur einige wenige militante Gruppierungen des extremistischen Islams. Vergessen wir aber nicht: Mit 5000 gewaltbereiten Aktivisten kann man eine Gesellschaft im Extremfall gehörig in Bedrängnis bringen. Die Anschläge vom 11. September 2001, verübt von der kleinen Gruppe junger Männer, zu der Jarrah gehörte, haben den beängstigenden Beweis erbracht.

Bei Jarrah sind viele ungünstige Umstände zusammengekommen, die dazu geführt haben, dass er im Milieu des Hinterhof-Islams hängengeblieben ist, das die meisten Muslime in diesem Land gar nicht oder nur flüchtig kennen. Ich selbst war in meinen ersten Jahren auch einmal in einer solchen Moschee, fand die dortige Predigt aber in erster Linie albern und ihren Antisemitismus abstoßend.

1999 fährt Jarrah scheinbar zum ersten Mal zu einem Treffen von Extremisten ins Ausland, wo er, so sagt man, auch Osama Bin Laden begegnet sein soll: der Beginn der Geschichte des 11. Septembers.

Integration: ein Prozess

Halten wir zunächst einmal fest: Bei Jarrah ist der *Prozess* der Integration an einem wichtigen Punkt unterbrochen worden. Integration als einen Prozess zu begreifen erlaubt es, viele Probleme besser zu verstehen. Ich möchte folgende Definition vorschlagen:

Integration ist ein Prozess hin zu einem Leben im Rahmen des rechtlichen Systems mit sozialer Chancengleichheit und kultureller Selbstbestimmung.

Was ist damit gemeint? Der prozesshafte Charakter der Integration wird verständlich, wenn man sich verdeutlicht, dass wir das, was an seinem Ende steht, gar nicht genau erkennen und festhalten können. Es ist nämlich das „normale" Leben in einer weltoffenen Gesellschaft. Das heißt aber nicht, und hier kommt der entscheidende Zusatz, dass es um ein anonymes, unauffälliges Leben geht. Nein, die Gesellschaft, die der rechtliche Rahmen hier umreißt, ist eine Gesellschaft des Dialogs und infolgedessen der gegenseitigen Toleranz und Anerkennung. Integration ist wegen dieser Prozesshaftigkeit kaum messbar. Da ihr Ziel durch das Rechtssystem nur umrissen wird und jeden Tag aufs Neue im Umgang miteinander mit Inhalt gefüllt sein will, sind Methoden wie Integrations- oder Einbürgerungstests fast automatisch zum Scheitern verurteilt.

Ziad Jarrah hätte vermutlich jeden Integrationstest bestanden. Gleiches gilt zum Beispiel auch für den Mörder des holländischen Filmregisseurs Theo van Gogh, den gebürtigen Amsterdamer Mohammed Bouyeri. Dieser ermordete mit 26 Jahren den niederländischen Künstler und Filmemacher Theo van Gogh, der zuvor mit seinem islamkritischen Kurzfilm „Submission – Part One" eine öffentliche Kontroverse ausgelöst hatte. „Im Kampf der Gläubigen gegen die Ungläubigen" sei Gewalt durch den „Propheten Mohammed gebilligt", proklamierte Bouyeri später vor Gericht stolz.

Bouyeri besitzt die marokkanische und die niederländische Staatsbürgerschaft. Seine Eltern sind Einwanderer der ersten Generation, er spricht perfektes Holländisch. Er legte das holländische Abitur ab und studierte dann in der Stadt Diemen. Die Hochschule verließ er ohne Abschluss. In dieser Zeit fiel er der Polizei das erste Mal als Mitglied einer unter Beobachtung stehenden Gruppe marokkanischer Jugendlicher auf, die als islamistisch eingestuft wurde.

Am Morgen des 2. November 2004 schoss Bouyeri auf offener Straße auf den umstrittenen Regisseur van Gogh, schnitt ihm die Kehle durch und stieß ihm ein Messer in den Körper, an dem ein Bekennerschreiben mit weiteren Morddrohungen befestigt war. Danach lieferte er sich einen Schusswechsel mit der Polizei, über den sich die Beamten bis heute wundern. Bouyeri stand nämlich mitten auf einer Parkwiese und machte keinerlei Anstalten, in Deckung zu gehen oder Schutz zu suchen – als wäre ihm völlig gleichgültig, ob er erschossen wird oder nicht. Er wurde von einer Kugel verletzt, festgenommen und zu lebenslanger Haft verurteilt.

Bei Jarrah, Bouyeri und vielen anderen Extremisten, die oberflächlich ein integriertes Leben führten, ist der Prozess der Integration abgebrochen, bevor sie an einem Punkt angekommen waren, von dem an sie sich mit der sie integrierenden Gesellschaft identifizierten.

Der zweite Bestandteil unserer Definition von Integration ist das Rechtssystem. Ein Leben im Rahmen des Rechtssystems als Merkmal der Integration vorauszusetzen, das bedeutet zuerst einmal, dass man es als Produkt unserer Werte und Traditionen begreift. Das Grundgesetz der Bundesrepublik, und damit die Grundlage eines großen Teils unserer Gesetzgebung und fast der gesamten politischen Kultur Deutschlands, ist tief geprägt von der deutschen Geschichte und vor allem von der Erfahrung mit der nationalsozialistischen Diktatur. Wer sich an das Rechtssystem der Bundesrepublik hält, bewegt sich damit schon im Rahmen dessen, was Friedrich Merz einst als „Leitkultur" bezeichnete. Das Rechtssystem aber, und auch das muss unterstrichen werden, kennt keine Toleranz.

Jeder Bürger, der gegen die Gesetze dieses Landes verstößt, ob Christ, Muslim, Jude oder Atheist, ob Deutscher oder nicht, wird nach den Regeln des Rechtsstaates belangt. Das bedeutet zum Beispiel, dass es nicht toleriert werden kann, wenn jemand in seiner Badewanne ein Schaf schächtet, denn das deutsche Recht erlaubt in Tierschutz- und Hygienevorschriften das Schächten nur an eigens dafür eingerichteten Orten. Es bedeutet auch, dass es nicht toleriert werden kann, wenn Eltern ihren Töchtern verbieten, an Klassenfahrten teilzunehmen, da dies eine Benachteiligung von Mädchen und Frauen bedeutet, die das Grundgesetz ablehnt.

Das bedeutet aber auch, dass wir dieselbe Sensibilität auch den Zuständigen in den Schulen, in der Verwaltung, bei der Polizei und in der Justiz abverlangen müssen. Ohne allzu weit vorgreifen zu wollen: Im Jahr 1997 gab der sogenannte religiöse Expertenrat der Islamischen Religionsgemeinschaft Hessen (IRH) eine Fatwa – eine Art religiöse Weisung – zur Teilnahme von Mädchen an Klassenfahrten heraus. Darin stand, dass Mädchen und unverheiratete junge Frauen nur dann ohne männliche familiäre Begleitung mit ihrer Klasse auf Exkursionen mit Übernachtung fahren dürften, wenn das Reiseziel „nicht weiter entfernt ist als ein Kameltagesritt"! Da hilft es auch nicht weiter, dass der Expertenrat in der Fatwa einen Kameltagesritt in Kilometern ausgerechnet hatte.

Der wahre Skandal ist aus meiner Sicht aber nicht das Verhalten dieses Expertenrates. Die IRH hat sich mittlerweile mehrfach von dieser Fatwa distanziert; ihre Vertreter reagieren heute mit großem Unmut, wenn man sie auf diese Geschichte anspricht. Der wahre Skandal ist für mich die Tatsache, dass es damals Lehrer und – viel schlimmer noch – Verwaltungsrichter gab, die auf der Grundlage dieser Fatwa Eltern erlaubt haben, ihre Töchter bei Klassenfahrten zu Hause zu behalten. Den kulturellen Hintergrund von Menschen bei Entscheidungsfindungen zu berücksichtigen ist völlig richtig. Dies darf aber nicht auf Kosten der Freiheitsrechte einzelner – in den meisten Fällen von Frauen – gehen.

Der dritte Punkt, die soziale Chancengleichheit, ist der vielleicht wichtigste im Prozess der Integration. Chancengleichheit, das bedeutet nicht nur, dass man allen Kindern den Schulbesuch ermöglicht, dass man theoretisch den Zugang zu Arbeit und Sozialsystemen eröffnet – nein, es geht darum, die Chancengleichheit *aktiv* zu befördern. Das bedeutet, dass man Migrantenkinder in die Lage versetzen muss, dem Schulunterricht auf gleiche Weise zu folgen wie ihre deutschen Mitschüler, dass man arbeitsfähigen Migranten schnellstmöglich Arbeitserlaubnisse erteilen muss, um sie in den Erwerbskreislauf einzubinden, kurzum, dass man Grundlagen schaffen muss, die die sprachlichen, kulturellen und wirtschaftlichen Defizite von Migranten auf dem Arbeitsmarkt so effektiv wie möglich kompensieren.

Wenn ich in Berlin-Kreuzberg in einen Supermarkt gehe, um mir einen Becher Joghurt zu kaufen, dann kann es mir passieren, dass ich in keinem Regal ein deutsches

Produkt finde. Das ist erst mal nur bedauerlich, mehr nicht. Dann kann es mir passieren, dass an der Kasse eine Frau mittleren Alters sitzt, die nur Türkisch versteht. Das ist auch noch nicht das Ende des Abendlandes, denn wir verständigen uns schon irgendwie. Sie tippt Zahlen ein, ich zahle. Das Problem ist nicht die kulturelle Differenz zwischen ihr und der Mehrheitsgesellschaft. Das Problem ist, dass ihre Kinder gerade bei unserem ungerechten Bildungssystem kaum eine Chance haben werden, jemals eine Universität zu besuchen. Deshalb ist das aktive Befördern der Chancengleichheit ein elementarer Bestandteil von Integration.

Und schließlich die Frage nach der kulturellen Selbstbestimmung. Hier sind wir im Kern der Debatte um die so genannte multikulturelle Gesellschaft, bei der Frage von Toleranz und Anerkennung. Kulturelle Selbstbestimmung, das bedeutet zunächst einmal, dass jeder sein Leben so leben darf, wie er mag. Das betrifft die Religionsausübung, Ernährung, Kleidung, die sexuelle Orientierung ebenso wie die Frage, zu welcher Fußballmannschaft man bei der Weltmeisterschaft oder in der Champions League hält. Solange sich Menschen im Rahmen der Rechtsordnung dieses Landes bewegen, können sie tun und lassen, was sie wollen. Das ist eine Frage, die nicht nur Migranten betrifft, sondern alle Gruppen, die von der sie umgebenden Mehrheit abweichende Verhaltensweisen an den Tag legen. Der Kern des Rechtsstaates ist seine Offenheit gegenüber der Vielfalt.

Die kulturelle Selbstbestimmung ist derjenige Punkt, an dem sich die Frage der Toleranz exemplarisch stellt. Die politisch korrekte Mehrheitsmeinung tendiert mittlerweile dazu, Toleranz als etwas Negatives abzulehnen, das schnellstmöglich durch Respekt, gegenseitige Anerkennung, Zustimmung und vermutlich gar Liebe ersetzt werden sollte. Das verkennt aber eine ihrer ganz elementaren Voraussetzungen: Für das, was man nicht ablehnt, braucht man gar keine Toleranz. Toleranz, so wie ich sie verstehe, ist eine zivilisierte Form des Umgangs miteinander, die der Tatsache Rechnung trägt, dass Menschen nicht alle Verhaltensweisen aneinander mögen.

Ich möchte diese Form der Toleranz horizontale Toleranz nennen. Sie steht dekretierten Formen der Toleranz gegenüber, die stets von oben nach unten eingesetzt werden und die so nichts von dem gesellschaftlichen Verständigungsprozess haben, den wir so nötig brauchen. Ein Beispiel für diese Form der dekretierten Toleranz ist das Edikt von Nantes, das den Hugenotten im katholischen Frankreich des 17. Jahrhunderts die freie Religionsausübung garantierte. Hier gewährte der souveräne, von Gott gesandte Herrscher Heinrich IV. Rechte aus Gnade. Er hätte sie auch wieder verwehren können – was ihm als ehemaligem Protestanten natürlich niemals in den Sinn gekommen wäre. So kann die Mehrheitsgesellschaft als Souverän der Minderheit auch Rechte zubilligen und wieder entziehen. Ein solches, „vertikales" Konzept von Toleranz ist eine Beleidigung für einen modernen Rechtsstaat.

Mein Konzept, aus dem Buch des Frankfurter Philosophen Rainer Forst „Toleranz im Konflikt" entlehnt, sieht Toleranz auf gleicher Augenhöhe vor. Nehmen wir das Beispiel des Schächtens, um einen Fall gesellschaftlicher Verständigung über Toleranz zu illustrieren. Es gibt Muslime, für deren Verständnis von Religion die Befolgung der Essensvorschriften sehr wichtig ist. Ohne entsprechende Einrichtungen in diesem Land begannen einige von ihnen, Tiere unter unhygienischen Bedingungen und unter Qualen in der Badewanne oder an anderen ungeeigneten Orten zu schlachten. Dies wurde von der Mehrheitsgesellschaft, die sich gewisse Regeln auch für den Umgang mit Tieren gegeben hat, abgelehnt. Das ist der erste Schritt: Man stellt fest, dass man einen Dissens hat.

Bei genauerer Betrachtung des Falls konnte man aber zu dem Schluss kommen, dass es zwischen den für einige Muslime persönlich sehr wichtigen Essensvorschriften und unseren Anforderungen an den Tierschutz einen möglichen Kompromiss geben kann: Man befragt Experten, die Verfahren vorschlagen, wie man Tiere unter möglichst guten Bedingungen an dafür eingerichteten Orten schächten kann. Ohne dass die Mehrheitsgesellschaft das Schächten von Tieren nun also unbedingt mögen muss, kann sie doch sagen, dass sie eine gewisse Form des Schächtens akzeptieren kann, und man zieht eine klare Grenze zwischen dem, was man akzeptiert, und dem, was man in dieser Gesellschaft untersagt.

Nehmen wir noch ein zweites Beispiel aus Integrationsprozessen, den viel beschworenen Ruf des Muezzins. Eine islamische Gemeinde baut also in einer Kleinstadt eine Moschee – vielleicht nicht im Gewerbegebiet, sondern, sagen wir, am Ortsrand, wo zahlreiche Muslime leben und eine relevante Zahl von Anwohnern den Muezzin-Ruf hören kann. Ohne groß darüber nachzudenken, ruft der aus der Türkei importierte Muezzin fünf Mal am Tag über das Megaphon zum Gebet. Die Nachbarn beschweren sich, denn sie fühlen sich durch die Geräusche belästigt. Die Nachbarn sind aber angenehme Zeitgenossen, man hat schon genug über die Moschee debattiert, man hat sich – der eine mehr, der andere weniger – mit der Realität der Präsenz muslimischen Glaubens in Deutschland abgefunden, und so sieht man die Notwendigkeit der Institution Muezzin-Ruf ein, aus anfänglicher Ablehnung wird schließlich Akzeptanz.

Nun möchte man aber nicht, dass die Vermehrung religiöser Gruppen auch eine exponentielle Steigerung akustischer Äußerungen im öffentlichen Raum mit sich bringt. Deswegen einigt man sich darauf, dass jeder Religionsgruppe ein gleiches Maß an Öffentlichkeit zugestanden werden soll und orientiert sich dazu an den Erfahrungen mit den christlichen Kirchen. Ergebnis: Der Muezzin darf rufen, sein Megaphon aber nicht fünfmal am Tag einsetzen und auch nur bis zu einer bestimmten Lautstärke aufdrehen. Deshalb mögen nun nicht alle Menschen in unserem Städtchen gleich den Klang des Muezzinrufs, aber sie tolerieren ihn im ausgehandelten Maßstab – innerhalb definierter Grenzen.

Die drei Schritte Ablehnung, Akzeptanz und Grenzziehung machen ein Zusammenleben bei divergierenden kulturellen Praktiken möglich. Toleranz ist hier weit davon entfernt, eine Beleidigung zu sein. Ganz im Gegenteil: Sie nimmt den anderen, die Minderheit, als Gesprächspartner ernst, wägt die Bedürfnisse der beiden Parteien ab und kommt zu Regeln für einen Umgang zwischen gleichberechtigten Individuen. Und vor allem: Sie konzentriert sich im ersten Schritt – bei der Ablehnung – nur auf umstrittene Fälle und vergeudet keine Energie auf dem Weg zu einem Konsens bzw. zur Akzeptanz innerhalb festzulegender Grenzen.

Toleranz ist somit unverzichtbare Grundlage für das, was im weiteren Verlauf der Integration von Minderheiten in eine Mehrheitsgesellschaft passiert: ein Aufeinanderzugehen, eine Neugier, eine Änderung von Sichtweisen, eine Öffnung von Horizonten. Wenn man sich aber über das, was man ablehnt, nicht verständigt, wenn man die Grundlage gar nicht kennt, von der aus man zu möglichen neuen Formen des Zusammenlebens aufbrechen will, dann kann man auch nie an einem Ziel ankommen.

Der Fall des Ziad Jarrah und die Konsequenzen, die sich aus ihm für das Zusammenleben von „Deutschen" und „Ausländern" ergeben, zeigen, dass eine gescheiterte Integration ungeahnte Kosten mit sich bringen kann. Denn die Situation, die wir heute, nach dem 11. September, im offenen wie im unterschwelligen Umgang zwischen „Deutschen" und „Ausländern" haben, ist nicht besser als vorher: Der unterbliebene Dialog mündet in einen Teufelskreis. Wer sich nicht angenommen fühlt in unserer Gesellschaft, der zieht sich zurück, was den Rest der Gesellschaft weiter abschreckt, Neuankömmlinge noch stärker das Gefühl der Ablehnung spüren lässt, woraufhin sie sich noch stärker abkapseln, und so weiter.

Schlimmer noch: Der Direktor des Landesamts für Verfassungsschutz in Hessen, Dr. Alexander Eisvogel, spricht von einer gezielten Strategie der islamischen Extremisten. Diese versuchten, durch ihre Aktionen in der Mehrheitsgesellschaft einen Generalverdacht gegen den friedlichen Großteil der Muslime zu generieren. So erhoffen sie sich genau die gesellschaftliche Ablehnung gegen alle Muslime, die sie brauchen, um an die Köpfe und die Herzen gerade der jungen Menschen zu kommen, die sich gedemütigt fühlen von der Mehrheit. Der Generalverdacht gegen alle Muslime ist also der Motor für die Akquisemaschine terroristischer Gruppen.

Miteinander sprechen

Es geht auch anders: Am 11. September 2006 klingelt um 4:40 Uhr mein Wecker, ich hetze verschlafen zur Bahn, fahre zum Flughafen, um – ausnahmsweise – nach Berlin zu fliegen. Flughäfen haben für mich einen Hauch von Moscheen. An beiden Orten weiß ich im Voraus, dass ich meine Schuhe werde ausziehen müssen – in der Moschee als demütiges Zeichen der Gottesfurcht; am Flughafen wegen meines „ausländischen Aussehens" bei der Sicherheitskontrolle.

Ich steige in die Maschine ein und setze mich neben einen Mann, der ein, sagen wir mal, sehr traditionelles arabisches Aussehen und einen langen, ungepflegten Bart hat. Bald haben sich auch alle anderen Passagiere gesetzt – bis auf eine Frau von Ende dreißig, die mit ihrem Rollkoffer in der Hand nervös im Gang hin- und herläuft und ab und an zu uns, vor allem zu meinem Nachbarn, rüberschaut.

„Könnten Sie sich bitte setzen? Wir wollen starten", spricht sie die Stewardess an.

„Kann ich, kann ich noch aussteigen?", stammelt die Frau.

„Warum?"

„Äh …"

„Kommen Sie doch mal mit."

Sie gehen nach vorne und unterhalten sich. Ich kann sie beobachten. Was sie nur hat, frage ich mich. 9/11, donnert es durch mein Gehirn. Mir ist schlecht. Die Frau hat Angst vor dem armen, ahnungslosen Mann neben mir, der kein Deutsch kann und sicher nicht weiß, was er hier mit seinem Aussehen „anrichtet". Oder meint sie etwa auch mich? Ich weiß es nicht.

Das Flugpersonal bleibt gelassen. Sie reden zu dritt beschwichtigend auf die Frau ein, sie kommt zurück und fragt total verunsichert, ob wir sie reinlassen können zu ihrem Sitz am Fenster. So freundlich wie ich nur (noch) kann, mache ich ihr den Weg frei. Sie sitzt neben dem Algerier – seine Nationalität finde ich wenig später heraus – und erleidet Todesängste. Ich beobachte sie aus dem Augenwinkel. Sie reißt sich innerhalb weniger Minuten zusammen, holt tief Luft und spricht ihren Nachbarn an.

Sein Französisch ist besser als sein Englisch, sie kann aber nun mal kein Französisch. Sie unterhalten sich den ganzen Flug über – sie auf Englisch und er in gebrochenem Englisch und in Zeichensprache. Nach und nach reden sie nicht mehr vom Wetter, sondern von den Wäldern in Algerien, vom demografischen Wandel in Deutschland, vom Bildungssystem und von ihren Kindern. Sie hat zwei Söhne, 13 Jahre und 11 Monate alt, er hat wohl auch welche, aber ich verstehe ihn nicht, weil er sehr bedächtig und leise spricht. Ich sollte nicht lauschen, sage ich mir, und schlafe bald ein.

Das Flugzeug rollt schon zum Gate, als ich wieder

aufwache. Die beiden tauschen gerade Visitenkarten aus. Das nenne ich einen erfolgreichen Kampf gegen den Krieg der Kulturen. Ich bin ein wenig stolz auf diese Frau, überlege, ob ich sie ansprechen soll, lasse es aber dann doch lieber sein. Ich will ihr tapferes Verhalten nicht stilisieren.

Diese Geschichte ist alles andere als eine Selbstverständlichkeit. Und noch mal: Der unterlassene Dialog mündet in einen Teufelskreis. Der Überblick über die Probleme der Integration, der vom Lebenslauf des Attentäters Ziad Jarrah ausging, bestätigt das, was mir ein Mitarbeiter des Department of Homeland Security der USA – eine Einrichtung, die nicht gerade im Verdacht steht, multikulturellen Blütenträumen nachzuhängen – anlässlich eines Besuchs dort sagte: „Bei euren Integrationsproblemen in Europa sitzt ihr auf einem Pulverfass." Strategien zur Entschärfung finden sich auf den folgenden Seiten.

Rütli und Respekt, Multi- und Leitkulti

Zwei Monologe, die sich gegenseitig immer und immer wieder störend unterbrechen, nennt man eine Diskussion.
(Charles Tschopp)

Viele kleine und alltägliche Probleme werden ethnisch oder religiös aufgeladen, sei es, um sich gegen andere abzugrenzen, sei es, um die eigene ethnische oder religiöse Gruppe besser zu einen. Der notorische Langschläfer neben einer Kirche wird nach einigen Jahren vielleicht nicht mehr das Glockengeläut für seinen unruhigen Schlaf verantwortlich machen, sondern das gesamte Christentum. Die Nachbarn, die dann mit wütenden Beschwerden des muslimischen Langschläfers konfrontiert werden, könnten sich durch diesen Vorwurf zu einer christlichen Einheitsfront zusammenfinden – obwohl sie gar keine Gemeindemitglieder sind. *Die Christen* sind laut, *die Muslime* intolerant, *unser Viertel* ist aber christlich: alles Hilfskonstruktionen, die identitätsstiftend sind und Meinungsverschiedenheiten strukturieren. Aber eben diese Identitätsbildung geschieht zwangsläufig durch Abgrenzung. *Uns* gibt es nur, wenn wir *die anderen* gefunden und ihre „andersartigen" Merkmale formuliert haben.

Diese Merkmale können physiognomisch, „ethnisch", geschlechtlich oder eben religiös sein. Die religiösen Differenzierungsmerkmale haben eine besondere Brisanz:

Sie waren Anlass für eine lange Reihe von Kriegen und Konflikten – von der Kreuzigung Christi bis zum 11. September –, dazwischen liegen unter anderem noch die Kreuzzüge, die „Türken vor Wien", der Konflikt zwischen Israel und den Palästinensern. Sie sind tagesaktuell in den Nachrichten und damit gegenwärtig. So wie man als Deutscher weltweit bis heute auf Adolf Hitler angesprochen wird und als Iraker auf Saddam Hussein, muss man bereit sein, sich als Muslim jederzeit von Osama Bin-Laden zu distanzieren, oder als Tel-Aviver von den radikalen israelischen Siedlern – ohne nun Bin-Laden und die Siedler gleichsetzen zu wollen, oder Saddam und Hitler.

Und dann haben wir noch die multikulturelle Realität in der Bundesrepublik, bei der manche das Gefühl haben, dass sie all die genannten globalen Konflikte beherbergt. Ein lokaler Höhepunkt dieser Wahrnehmung war die Debatte um die PKK Anfang der 90er Jahre, die in das Verbot der kurdischen Organisation mündete. Es ist kein Zufall, dass der Streit um ein PKK-Verbot und die Beinahe-Abschaffung des Asylrechts durch die Änderung des Grundgesetzes beide im Jahr 1993 stattfanden. In der Folge gewalttätiger Auseinandersetzungen zwischen Türken und Kurden hatte sich in Deutschland eine Grundstimmung durchgesetzt: Alle kommen hierher und führen in unseren Städten ihre Bürgerkriege weiter. Mit den beiden Maßnahmen sollte verhindert werden, dass ausländische Konflikte in Deutschland ausgetragen werden.

So richtig das Verbot der kriminell agierenden PKK damals auch war, so ignorant war die Debatte darum, die einfach nicht wahrhaben wollte, dass Deutschland erstens de facto schon seinerzeit längst eine multikulturelle Gesellschaft war (und heute umso mehr ist), und dass zweitens in einer multikulturellen Gesellschaft die Menschen nicht vom Himmel fallen, sondern eine politische und kulturelle Vorgeschichte mitbringen: Im Falle der kurdischen Türken stand diese Vorgeschichte nun mal im Konflikt mit derjenigen derer, die den in der Türkei konstitutiv festgeschriebenen Nationalismus mitgebracht haben. Das bedeutet keineswegs, brennende Menschen auf den Autobahnen tolerieren zu müssen oder Banden, die ihren Krieg um Kurdistan durch Schutzgelderpressung finanzieren wollten. Der Hinweis auf die Komplexität der Geschichten von Einwanderern ist lediglich ein Appell gegen einen Selbstbetrug, der das Zusammenleben von Menschen verschiedener Herkunft romantisiert. Aber auch gegen einen Selbstbetrug, der die Realität einer zutiefst heterogenen Gesellschaft leugnet, weil er sie nicht wahrhaben will. Was gescheitert war, war weniger die multikulturelle Realität als vielmehr eine Ideologie, die sich einige in ihrer Kuschelecke zurechtgelegt hatten, ohne auf die Realitäten zu blicken.

Aber auch dann, wenn man den Konflikt über den Muezzin-Ruf nicht zu den Dimensionen eines neuen Kreuzzugs aufplustert, verläuft der Riss zuerst scheinbar entlang der Grenze der Glaubensunterschiede. Und diejenigen, die ein Interesse am Frieden in der Stadt und am Frieden im Lande haben – das sind glücklicherweise (man könnte aber auch sagen: leider nur) fast alle –, suchen nach Wegen, wie man Konflikte bewältigen oder besser: wie man sie vermeiden kann.

Interreligiöser Dialog

Das meistgenannte Instrument zur Konfliktvermeidung und -beseitigung ist der so genannte „interreligiöse Dialog". Spätestens seit Mitte der neunziger Jahre wird er als Allheilmittel gepriesen, seit dem 11. September 2001 hat er Hochkonjunktur. So gab es beim so genannten Karikaturenstreit nicht einen einzigen Nicht-Extremisten, der beim Appell an die eine oder andere Seite auf den Gebrauch des Wortes Dialog verzichtet hat. Da treffen sich Glaubensvertreter, Politiker, Gewerkschaftler, manchmal sogar Kulturschaffende zum interreligiösen Dialog. Wissenschaftler beschreiben, wie wenig er kostet verglichen mit dem Irak-Krieg, Pädagogen wollen ihn in den Schulunterricht einführen, Musiker besingen ihn. Aber was ist das eigentlich, der interreligiöse Dialog?

„Ein Zwiegespräch, das Religionen miteinander führen", so könnte man den Begriff wörtlich übersetzen. Klingt einfach? Wohl kaum.

Der altgriechische Begriff *dialégomai* bedeutet so viel wie „sich unterhalten". Die Religionen sollen sich also unterhalten – damit alles gut wird? Der Befürworter des interreligiösen Dialogs würde meine polemische Respektlosigkeit dem Dialog gegenüber generös beiseiteschieben und sachlich einwenden, bei einem Dialog gebe es Rede und Gegenrede.

Allerdings müssen sich Redner und Gegenredner abwechseln. Führt immer nur eine Seite die Rede und die andere die Gegenrede, dann liegt ein permanenter Rechtfertigungsdruck auf der zweiten Gruppe. Das festzustellen ist kein Stilmittel, sondern seit Jahren die reale Empfindung von islamischen Vereinen und von Muslimen im Allgemeinen, die sich nicht selten darüber beschweren, dass ein – da ist er wieder – Generalverdacht auf ihnen liegt. Oder hat jemand schon mal einen interreligiösen Dialog in Deutschland erlebt, bei dem die Muslime die katholische Seite auffordern, sich zur Real IRA zu erklären?

Welchen Wert hat nun der Dialog?

Sokrates' Mutter war eine Hebamme. Sokrates selbst wollte im Dialog der Geburtshelfer für Erkenntnisse sein. Deshalb nannte er seine Art der dialogisierten Gesprächsführung Mäeutik (auch: Maieutik; griech. „Hebammenkunst"). Sein Schüler Platon wählte für die Form seiner Philosophie eine Mäeutik, bei der Sokrates sein Gegenüber argumentativ schlachtet. Eins dieser armen Lämmer war Gorgias von Leontinoi. Er lebte etwa zwischen 480 und 380 v. Chr. in Sizilien – interreligiös hieße das beispielsweise: 1050 Jahre vor Mohammads Geburt.

Eigentlich war Gorgias alles, nur kein Opfer. Der größte Rhetor seiner Zeit durfte eine goldene Statue seiner selbst in der heiligen Stadt Delphi errichten. Als Sophist war er ein gefeierter Pedant aus Leidenschaft. So bereitete es ihm ein großes Vergnügen zu beweisen, dass erstens nichts existiere, zweitens selbst wenn etwas existierte, es nicht erkennbar wäre, und drittens dass selbst wenn etwas erkennbar wäre, es nicht mitgeteilt werden könnte.

Was macht aber Sokrates mit Gorgias? Er zerlegt den besten Rhetor seiner Zeit in Einzelteile, indem er ihm in bester mäeutischer Manier erklärt, Rhetorik sei gefährlich, weil sie nicht nur fehlende Kompetenz vortäuschen, sondern auch Kompetenz aushebeln könne. So zeichnet Sokrates das Bild eines Krankenbettes, an dem ein Rhetor und ein Medikus stehen. Der Rhetor – bei entsprechender Begabung – ist laut Sokrates jederzeit in der Lage, den Patienten so zu manipulieren, dass er seinem Vorschlag der Heilungsmethode folgt, ganz gleich, wie diese aussieht. Der Medikus, der aber möglicherweise aufgrund seiner Kompetenz objektiv weiß, was dem Patienten guttut, wird nicht mehr erhört.

Der Dialog produziert nicht per se sachliche Lösungen. Denn: Exakt derselbe Vorwurf, den Sokrates Gorgias macht, trifft ebenso auf seine Dialogführung zu. Das Einzige, was dem Medikus also bleibt, wäre eine gewisse „angeborene" Autorität seines Berufsstandes. Eine Autorität, die ihm, ähnlich dem religiösen Würdenträger, das Vertrauen seiner Patienten zukommen lässt. Ergo: Ein Dialog kann genauso verheerend sein wie ein Monolog.

Umso wichtiger ist es, wie man den Dialog führt. Fruchtbar ist er nur dann, wenn er den Dissens nicht ausspart. Sonst schmiert man sich gegenseitig ganz viel Honig um den Bart, um beim nächsten Problem festzustellen, dass das Gespräch völlig überflüssig war. Vielleicht sollten wir also über interkulturelle und interreligiöse Diskussion sprechen statt über den Dialog.

Darüber hinaus braucht der fundierte Dialog ein breites Wissen. Und hier brauchen wir nicht in erster Linie das Wissen über die anderen. Sicher ist es für einen Koreareisenden gut zu wissen, dass es in Korea lange Zeit ein Zeichen guter Sitten war, auf die Straße zu spucken, dies aber mittlerweile verboten wurde. Aber muss ich das zwingend wissen, wenn ich den Vorsitzenden des Deutsch-Koreanischen Freundschaftskreis in Mainz treffen will? Es ist viel sinnvoller, wenn ich die Geschichte von Mainz kenne. Nicht nur, um sie ihm aus Höflichkeit zu erzählen, sondern um Parallelen zu seiner Geschichte zu entdecken, von der er mir am besten berichten kann, und um so echte Gemeinsamkeiten zu entdecken.

Als Saddam Hussein fiel, konnten die Shiiten nach Jahrzehnten wieder ihre Trauerprozessionen für den gefallen Heiligen Hussein durchführen. Über eine Million Menschen zogen damals zum Schrein nach Karbala, um zu trauern, aber auch um sich zu geißeln. Die BILD-Zeitung brachte damals Farbfotos von sich geißelnden und blutenden Menschen und fragte sich und die Leserschaft in einer riesengroßen Schlagzeile: „Wieso schlagen sich die Schiiten?" Wer die katholische Osterprozession kennt – wie sie in Lateinamerika, auf den Philippinen und auch in Südeuropa vielerorts heute noch vollzogen wird –, der wird davon bei den Shiiten bis in die Details hinein sehr viele Elemente wiederfinden. Würden wir uns mehr mit den eigenen kulturellen Wurzeln befassen, wäre uns vieles gar nicht mehr so fremd.

Zumal es definitiv eine Überschneidung der Religionen gibt, auf alle Fälle auf konservativ-frommer Ebene. Es gibt einen französischen Comic namens „Jude und Araber". Es ist die Geschichte von einem Imam, einem orthodoxen Rabbi und manchmal einem katholischen Priester in einer französischen Vorstadt. Diese drei Gottesmänner streiten sich natürlich täglich über alle Fragen des Lebens. Einmal fragt der Rabbi die anderen beiden: „Wir sind alle drei gegen Liberalismus, gegen Abtreibung, gegen Drogen, gegen sexuelle Freizügigkeit. Warum bekämpfen wir uns eigentlich, statt uns zusammenzutun?" Der Priester antwortet: „Ihr dürft heiraten."

Interreligiöser Dialog bedeutet auch „Mut zur Lücke". Es gibt nur einen Papst, der nicht für alle Christen spricht. Ansonsten gibt es keine anderen großen Religionen mit der einen „Telefonnummer". Juden und Muslime haben genauso wenig die eine zentrale Autorität, die für sie sprechen darf, wie Protestanten und Hindus. Der interreligiöse Dialog muss diesem „dezentralen" Charakter der anderen Religionen Rechnung tragen. Sein Anspruch muss sich auf das Regeln des lokalen Zusammenlebens beschränken. Für größere Zusammenhänge können allenfalls Zeichen guter Absichten gesetzt werden. Alles andere überfrachtet den Dialog mit Stoff weltpolitischen Ausmaßes – und am Ende muss sich der Muslim doch wieder für Bin Laden entschuldigen.

Zudem gibt es in Deutschland auch nicht den einen politischen Dachverband der Muslime. Dies erfordert von der Politik, alte Bequemlichkeiten aufzugeben und den Dialog mit den sechs bundesweiten muslimischen Verbänden zu suchen. Diese sind:

- die Türkisch-Islamische Union der Anstalt für Religion e. V. (Original: Diyanet Isleri Türk Islam Birligi, kurz: DITIB), der Deutschland-Ableger des türkischen Ministeriums für religiöse Angelegenheiten (Diyanet),
- der Verband der Islamischen Kulturzentren e. V. (VIKZ), türkisch dominiert, der von der Glaubensrichtung her wohl orthodoxeste Dachverband,
- der Zentralrat der Muslime in Deutschland e. V. (ZMD), der wahrscheinlich bekannteste Verband, gegründet von Nadeem Eliyas,
- der Islamrat für die Bundesrepublik Deutschland e. V. (IR) mit Milli Görüs als stärkstem Mitglied.

Neben diesen vier eher politischen Zusammenschlüssen gibt es noch zwei Verbände, die theologisch einheitlich sind. Das bedeutet, dass sie eine echte und homogene Glaubensrichtung des Islam darstellen:
- die Alevitische Gemeinde Deutschland e. V. (Almanya Alevi Birlikleri Federasyonu, kurz: AABF), der Verband, der vom sunnitisch-orthodoxen Islam am weitesten entfernt ist, und
- Ahmadiyya Muslim Jamaat in der Bundesrepublik Deutschland e. V., der kleinste Verband mit meist pakistanischen Mitgliedern.

Bevor man also den „den Dialog mit dem Islam" beginnt, muss man wissen, mit wem man da redet, und vor allem: mit wem nicht. Manche dieser Dachverbände werden vom Verfassungsschutz beobachtet. Das bedeutet nicht, dass man mit ihnen nicht sprechen darf. Günter Beckstein und Wolfgang Schäuble reden auch mit Milli Görüs – zu Recht. Der Dialog mit allen gewaltfreien Gruppen ist nötig. Aber man muss auch wissen, dass diese Verbände höchstens ein Drittel der Muslime in Deutschland repräsentieren. Das heißt, es gibt von offizieller, institutioneller Seite keinen Dialog mit dem Islam, sondern immer einen mit islamischen Verbänden. Daran muss man den Dialog messen.

Ehrlich sein

Vor dem Dialog mit den anderen steht die Selbstvergewisserung, eine Klärung der eigenen Position. Und da liegt einiges im Argen: Die meisten Menschen in diesem

Land trauen sich nicht nur nicht, eine klare Meinung zu äußern – sie verabscheuen klare Positionen. Kontroversen werden in der politischen Öffentlichkeit in der Regel nicht honoriert, „Geschlossenheit" ist der Schlüssel zur politischen Handlungsfähigkeit.

Das Pochen auf eigene Positionen hat natürlich seine Grenzen in den Menschenrechten und, in Deutschland, im Grundgesetz. Nicht jede Meinung ist akzeptabel, der Faschismus beispielsweise ist ein Verbrechen, das im deutschen Recht glücklicherweise nicht vom Recht auf Meinungsfreiheit geschützt wird. Trotzdem: Der Streit im Rahmen des Rechtsstaats in einer demokratischen Gesellschaft dient dazu, die Meinungen und Gefühle der Menschen, die allesamt ihre Stimme haben, offenzulegen, um so sichtbar zu machen, worin die Unterschiede bestehen. Damit können Informationen ausgetauscht werden, dadurch wissen wir, mit wem wir es bei unseren Mitmenschen zu tun haben. Und dadurch können natürlich auch Denkprozesse in Gang gebracht werden. Ohne Streit, ohne Diskurs, so weit möchte ich gehen, gibt es eine Gesellschaft gar nicht.

Hannah Arendt schrieb in ihrer beeindruckenden Rede zur Verleihung des Lessing-Preises der Stadt Hamburg im Jahre 1959 dem Land, das an den Juden, zu denen sie gehörte, millionenfachen Mord begangen hatte, einige wichtige Lektionen ins Stammbuch. Dazu gehörte die Erinnerung daran, dass der Zorn in der griechischen Affektenlehre unter den angenehmen Gemütsempfindungen eingeordnet wurde, da die Wirklichkeit, die diese Leidenschaft der Seele vermittelt, höher sei als beispielsweise bei der Hoffnung. Dass die Wirklichkeit einer Öffentlichkeit aber erst bestehen kann, wenn die Menschen mit dem, was ihnen jeweils „Wahrheit dünkt", in eine Auseinandersetzung treten, das ist der wichtigste Schluss, den Arendt aus ihrer Lektüre Lessings zieht. Diese Auseinandersetzung „ist an einen Raum gebunden, in dem es viele Stimmen gibt und wo das Aussprechen dessen, was ‚Wahrheit dünkt', sowohl verbindet wie voneinander distanziert, ja diese Distanzen zwischen den Menschen, die zusammen dann die Welt ergeben, recht eigentlich schafft". Ohne Distanzen kann es keine Gemeinschaft geben, jede „Wahrheit", die außerhalb geäußert wird, ist in gewissem Sinne unmenschlich.

Wenn Sie zumindest gelegentlich sonntagabends „Sabine Christiansen" schauen, dann werden Sie meinen Beobachtungen instinktiv widersprechen wollen: „Da wird doch mindestens einmal im Monat über die multikulturelle Gesellschaft debattiert." Und manch einer wird sich sogar an das großartige Duell erinnern, das sich Jutta Ditfurth und Nina Hagen einst zu „Grundsatzfragen" der Integration in der Talkshow von Reinhold Beckmann lieferten.

Was also läuft schief in der deutschen Debatte? Sie ist zum einen defizitär und zum anderen viel zu stark auf die Polarisierung von Multi- versus Leitkulti fixiert. Schauen wir genauer hin.

Die defizitäre Debatte

Es gibt weltweit, und auch in Deutschland, eine gut funktionierende Migrations- und Integrationsforschung, die über bestimmte Erkenntnisse mittlerweile Konsens erzielt hat. Diese Kompetenz findet allerdings schlecht Eingang in die Debatte. Beispielsweise gibt es in den Sprachwissenschaften mittlerweile sehr klare Antworten auf die Frage, wie und wann eine Fremdsprache vermittelt werden soll und ob Mehrsprachigkeit für die Weiterentwicklung des Sprachzentrums eines Kindes ein Hindernis oder eher eine „Startrampe" ist. Trotzdem hört man immer wieder selbsternannte Fachleute, die erklären, dass Kinder Deutsch zu sprechen hätten, weil sie sich sonst aller Chancen auf eine gute Ausbildung beraubten.

Integrationsexperte wird man nicht, weil man Ausländer ist oder einige Ausländer kennt. Und noch viel weniger, weil man im Asylbewerberheim nebenan mal gesehen hat, wie sich die Leute dort von der „Stütze" angeblich alle einen Mercedes leisten können (um ein weitverbreitetes Vorurteil zu zitieren). Wir sollten die Wissenschaftler und ihre Erkenntnisse in der Debatte nicht vergessen.

Es fällt gerade in diesem Zusammenhang auf, dass kaum darüber geredet wird, *wo* Integration eigentlich stattfindet: vor Ort nämlich. Dort kann man das große Stichwort sonntagabendlicher Talkrunden nicht mehr hören: Leitkulti oder Multikulti? Integration funktioniert in erster Linie dadurch, dass Menschen ihre Alltagsprobleme pragmatisch lösen. Dieser Pragmatismus vor Ort wird am meisten von einer ideologischen Debatte gestört, die höhere politische Ebenen abstrakt und zum Leidwesen der meisten Fernsehzuschauer seit Jahren führen. Wenn zum Beispiel ein Leiter der Friedhofsverwaltung irgendeiner ganz normalen deutschen Stadt darüber zu entscheiden hat, ob es getrennte Grabstätten für verschiedene Religionen geben sollte und ob diese nebeneinander liegen können oder nicht, wird er wohl kaum auf die Idee kommen, sich zur Vorbereitung ein Wochenende lang zur Lektüre theoretischer Schriften in sein Landhaus zurückzuziehen.

Die defizitäre Debatte wird dadurch noch verschlimmert, dass sie auch schlichtweg eine Debatte über Defizite ist. Dass wir gerne jammern, dass alles schlecht ist und bis tatsächlich alles schlecht wird, darüber haben wir uns schon oft beschwert. Sätze wie „die Integration ist gescheitert" oder „der Traum von Multikulti ist geplatzt" werden häufig und leicht ausgesprochen – und ignorieren die multikulturelle Realität unserer Metropolen, die weit über Döner und Pizza hinausgeht. Reden wir doch lieber über die großen Integrationsleistungen, die die deutsche Gesellschaft – vor allem in Westdeutschland – in den letzten Jahrzehnten meist ohne politische Hilfe und gegen die offizielle Ideologie vom Arbeiter, der nur zu Gast ist, vollbracht hat und die weitgehend verkannt werden. Um weiterzukommen, sollten wir unsere Aufmerksamkeit stärker auf die Potenziale und nicht nur auf die Gefahren der Migration richten. Denn nur dann werden wir die Realität der Vielfalt in unserer Gesellschaft nutzen können, statt sie zu fürchten. Kirchen, Gewerkschaften, Nachbarschaftshilfen, Betriebe – sie alle haben jahrzehntelang mitgeholfen, Millionen von Menschen in dieses Land zu integrieren; von den Vertriebenen bis hin zu den Bürgerkriegsflüchtlingen. Meist gelang diese Leistung ohne staatliche Hilfe. Das Zuwanderungsgesetz, das zum 1. Januar 2005 in Kraft getreten ist, ist der allererste staatliche Versuch, systematisch Integrationsangebote zu machen.

Ich saß einmal mit dem Islamwissenschaftler Peter Heine auf einem Podium. Dort erzählte er, Jahrgang 1944, eine Geschichte aus den frühen sechziger Jahren. In seiner sehr katholischen Geburtsstadt Warendorf/Westfalen habe es damals einen jungen sizilianischen Gastarbeiter gegeben. Dieser habe eine junge Einheimische heiraten müssen, weil er sie geschwängert hatte. Die Eltern der Braut hätten sich vor der Trauung kaum beruhigen können. Schließlich sei ihre Ehre in Gefahr gewesen. Als Peter Heine auf der Hochzeit den jungen Bräutigam endlich kurz unter vier Augen sprechen konnte, fragte er ihn, ob er denn nun traurig oder gar verzweifelt sei, diese junge Frau nur wegen einer kurzen Liaison heiraten zu müssen. „Du hast ja keine Ahnung", antwortete der Glückliche. „In meinem Heimatort wäre ich womöglich schon längst tot".

Die deutsche Gesellschaft (die italienische auch) hat sich rasant entwickelt. Sie hat dabei Millionen Menschen aufgenommen und integriert. Nur hat sie sich davon selbst leider wenig erzählt. Und das hat ganz viel mit den Regeln des Medienmarktes zu tun. Ein für mich ganz frappierendes Beispiel dafür war die Debatte um die Rütli-Schule.

Es geht um jene Hauptschule im Berliner Stadtteil Neukölln. Ende des Monats März 2006 schrieb der Schuldirektor im Namen aufgebrachter Lehrerinnen und Lehrer einen offenen Brief an die Verantwortlichen in der Politik, in dem er die Zustände an seiner Lehreinrichtung beklagte: Ein Ausländeranteil von weit über zwei Drittel, schwindende Autorität des Lehrpersonals gegenüber den Schülerinnen und Schülern, regelmäßige Bandenkriege und Gewaltausbrüche auf dem Schulhof – drastische, aber durchaus realistische Zustände in einem sozialen Brennpunkt, rund zehn Kilometer Luftlinie von Bundestag und Kanzleramt in der deutschen Hauptstadt entfernt. In dem Brief wurde die Berliner Landesregierung gebeten, die Schule aufzulösen.

Es dauerte keine 48 Stunden, und der deutsche Medienzirkus hatte sein Gegenstück zur Pariser Banlieue Clichy-sous-Bois, wo wenige Monate zuvor die Unruhen in den französischen Vorstädten ihren Ursprung hatten. Die Kameras des Landes zeigten scheinbar gewaltbereite Jugendliche, potenzielle Bandenmitglieder und am Ende Schüler, die türkische und arabische Volkstänze aufführten. Die Absurdität der Inszenierung jedoch kam einige Tage später ans Licht: Reporter hatten den Schülern ein paar Euros zugesteckt, damit diese telegen einige Gewaltszenen nachstellten und Steine warfen.

Was die Schüler mit dem Geld gemacht haben, ob sie es in Handfeuerwaffen oder iPods gesteckt haben, das werden wir nie erfahren. Denn das Medieninteresse verschwand kurze Zeit später wieder, und was blieb, war ein schaler Nachgeschmack: Jugendliche Ausländer, die sind nicht ganz geheuer. Dass es dort vermutlich einige Pädagogen gibt, die mit viel Engagement für ihre Schützlinge eintreten, dass viele der Absolventen der Schule ein ganz normales deutsches Leben führen werden, das wird geflissentlich verschwiegen. Genauso wird nicht mehr darüber berichtet, dass eine Veränderung der Pädagogik an dieser Schule mittlerweile die Situation wieder beruhigt hat.

Und gleichzeitig nimmt sich kaum jemand die Zeit, ernsthaft und mit Umsicht die wahren Probleme der Integration zu beleuchten. Stattdessen können wir auf den Titelseiten der großen Nachrichtenmagazine Überschriften lesen, die belegen, dass viele immer noch nicht die Realität der Immigration in Deutschland (an)erkannt haben. Exemplarisch dafür kann eine Titelseite des Focus gelten: „Muslime. Die befremdlichen Gäste". Gäste?! Als ob die vielen Gotteshäuser, die islamische Religionsgemeinschaften in Deutschland gegen oftmals harte Widerstände der „einheimischen Bevölkerung" gebaut haben, nicht davon zeugten, dass es sich da um einen Glauben handelt, der hier bleiben möchte; und der hier bleiben wird.

Viele Pädagogen wie die an der Rütli-Schule sind, ich habe es schon angedeutet, die Grundsatzdebatten um Leit- und Multikultur leid. Streichen wir doch einfach den Kulturbegriff aus der Debatte. Wenn wir es schaffen, dass sich die Menschen an Gesetze halten, und vor allem, dass sie in den ökonomischen Kreislauf dieses Landes integriert sind, dann haben wir das Schwierigste schon hinter uns. Ganz abgesehen davon, dass ein Rechtsstaat seinen – derzeitigen und zukünftigen – Bürgern nicht in die Köpfe zu schauen hat. Und dass er das auch gar nicht kann – was die Absurdität von Gesinnungsfragen bei Einbürgerungstests unterstreicht.

Die große Angst der Deutschen um ihre Kultur verhindert einen Pragmatismus, den uns andere Länder großartig vormachen. England zum Beispiel: Seit Jahrhunderten müssen alle Parlamentarier hier einen Eid schwören, bevor sie Zugang zum Parlament haben, traditionellerweise auf die Bibel. Seit jeher Gegenstand heftiger Diskussionen, wurde der *Oath Act* häufig revidiert und lässt seit einiger

Zeit auch „atheistische" Eide zu. 1997 passierte jedoch klammheimlich etwas, was in Deutschland Christiansen, Maischberger und Co. und schließlich das Bundesverfassungsgericht für mindestens drei Monate beschäftigt hätte: Der Abgeordnete Mohammad Sarwar schwört seinen Eid ganz einfach auf den Koran. Gläubige Muslime (und auch Juden) hatten seit jeher auf eine Lösung des Problems gepocht und Sarwar machte sich einfach ans Werk. Ich möchte unterstreichen, dass das britische Unterhaus noch immer steht, nicht von Selbstmordattentätern attackiert wurde und Mohammad Sarwar keine Zeichen „unbritischer Umtriebe" an den Tag gelegt hat. Und das alles in einem Land, in dem vor etwas mehr als hundert Jahren ein Abgeordneter, der seinen Eid nicht auf die Bibel ablegen wollte, für ein paar Tage ins Gefängnis gesteckt wurde. Da behaupte noch jemand, ein Bewusstseinswandel sei nicht möglich.

Gleiches passierte im Jahr 2002 in Neuseeland, wo der Ashraf Choudhary seinen Eid auf die heilige Schrift der Muslime schwor.

Ökonomisierung der Debatte

Was wir anstelle der ideologisierten Diskussionen brauchen, ist eine Ökonomisierung der Debatte. Darunter verstehe ich zwei Dinge. Zuerst einmal dies: Wir müssen verstehen, dass die Art und Weise, wie wir über Integration reden, einen wesentlichen Einfluss auf unser Verhalten gegenüber Ausländern hat, dass sie also ein wesentlicher Faktor der Integration ist. Ökonomisierung der

Debatte heißt in diesem Sinne: zielgerichtet miteinander zu reden und zu streiten, die Fehler zu vermeiden, die ich oben angeführt habe, um auf ein Ziel hinzuarbeiten. Methoden, die man gemeinhin als Wirtschaftlichkeit begreift und die einen effektiven Beitrag zu unserem Ziel bieten können: in Freiheit, Frieden und Wohlstand gemeinsam in Deutschland zu leben.

Um Missverständnissen vorzubeugen: Es geht hier nicht um Menschen, die politisch verfolgt sind und den Schutz des demokratischen, wohlhabenden Landes Deutschland brauchen. Es geht um Einwanderung, also um etwas, was offiziell in diesem Land über Jahrzehnte nicht stattgefunden hat, aber dennoch millionenfache Realität war und ist.

Ökonomisierung der Debatte heißt aber vor allem, zu begreifen: „It's the economy, stupid!" Was Bill Clinton 1992 als Senkrechtstarter einen Sieg im Wahlkampf um das amerikanische Präsidentenamt bescherte, gilt auch für das Deutschland der Gegenwart. Nur wenn es gelingt, den Migrantinnen und Migranten faire Chancen auf dem Arbeitsmarkt einzuräumen, kann Integration gelingen. Und diese Integration bringt nicht nur den Migrantinnen und Migranten Vorteile.

In einer hochinteressanten Studie aus dem Jahr 2004 untersuchen die Wissenschaftler Gianmarco I. P. Ottaviano und Giovanni Peri den Zusammhang von Immigration und Wohlstand von „Eingeborenen" in US-amerikanischen Großstädten. Sie kommen zu einem klaren Ergebnis: Je stärker die Zuwanderung in den vergangenen zwanzig Jahren war, desto höher sind auch die Einkommen der angestammten, in den USA geborenen Bevölkerung gewesen. Im Klartext: Je höher die Zuwanderung desto größer der Wohlstand. Die beiden Wissenschaftler untersuchen strikt das empirisch gegebene Zahlenmaterial. Trotzdem haben sie einige Erklärungsansätze bereit: „Die Fähigkeiten und Kenntnisse im Ausland geborener Arbeitnehmer und Denker können die der Eingeborenen ergänzen und so die Fähigkeit zur Problemlösung und die Effektivität am Arbeitsplatz erhöhen. Kulturelle Diversität kann daher die Konsumgewohnheiten der Eingeborenen diversifizieren und ihre Produktivität erhöhen."

Ich möchte hinzufügen, dass neben dieser Komplementarität auch die Reibung ein wichtiger Faktor des wirtschaftlichen Erfolgs der Integration sein kann. Das ist auf der einen Seite die erhöhte Konkurrenz, die für mehr Effizienz sorgt. Das ist zum anderen aber auch die Rückbesinnung auf eigene Stärken, mithin gar ein erhöhtes Bewusstsein für die eigenen kulturellen Traditionen und ihre Qualitäten, die sich im Vergleich mit neu ankommenden Kulturen zeigen.

Die Studie von Ottaviano und Peri weist ebenso darauf hin, dass Diversität auch Diversität innerhalb der Gruppe der Zuwanderer bedeutet. Im Übrigen ist das ein weiterer Grund, warum der Erwerb der deutschen Sprache unverzichtbar ist. Denn schließlich müssen sich die Kroatin und der Schwede auch unterhalten können.

Wenn Sie jetzt ganz zu Recht einwenden wollen, dass sich der wirtschaftliche Boom in Berlin-Neukölln trotz hoher Immigrantendichte noch nicht recht bemerkbar gemacht hat, so liegt das natürlich zuallererst an den fehlenden Voraussetzungen, vor allem bei der Bildung: Erstens haben die Menschen keinen Zugang zum Arbeitsmarkt, wo sie ihre Potenziale wirtschaftlich entfalten könnten, weil ihnen einige entscheidende Kompetenzen fehlen. Zweitens kann die produktive Reibung nicht so recht zum Tragen kommen, da es zwar verhältnismäßig wenig verschiedene Migrantengruppen gibt, diese aber jeweils sehr groß und in sich geschlossen sind. Diese Gruppierungen im allseitigen Interesse aufzulösen ist eine der Aufgaben der Integrationspolitik. Auch dazu später mehr.

Dass Immigration und die Integration von Ausländern ökonomische Vorteile bringen kann und vielerorts bereits bringt, ist also erwiesen. Um zu begreifen, dass die unterlassene Integration ein Kostenfaktor ist, kann man auf der einen Seite einige Stichworte angeben, die für sich sprechen: Arbeitslosigkeit, Kriminalität, wie oben beschrieben in den seltensten und drastischsten Fällen gar Terrorismus. Man kann aber auch eine recht einfache volkswirtschaftliche Rechnung aufmachen.

Hans Dietrich von Loeffelholz tut dies in seiner knappen Studie zu den „Kosten der Nichtintegration ausländischer Zuwanderer". Er geht dabei von einer ähnlichen Prämisse aus wie Ottaviano und Peri, dass nämlich Migranten Fähigkeiten mitbringen, die sich zu denen der Deutschen komplementär verhalten, dass sich beide also gegenseitig ergänzen. Aufgrund der Tatsache, dass die Erwerbsbeteiligung von Einwanderern deutlich niedriger ist als die der Deutschen, schließt er, dass dem Arbeitsmarkt wichtige Fähigkeiten entgehen, die, so zeigt er, das Bruttoinlandsprodukt steigern könnten.

Die Kosten der Nichtintegration der Ausländer entsprechen für von Loeffelholz also einer verpassten Steigerung der Wirtschaftskraft in Höhe von 20 bis 40 Milliarden Euro. Dieser Summe stellt er die Kosten gegenüber, die für eine bessere Integration der Migranten entstehen würden, vor allem für den Ausbau der Bildungseinrichtungen. Diese veranschlagt er mit etwa 1,25 Milliarden Euro pro Jahr, einer Steigerung der öffentlichen Bildungsausgaben um 2,5 Prozent. Loeffelholz zieht diese und andere Ausgaben, die sich aus der Arbeitsmarktintegration ergeben, von den oben genannten Zahlen ab und kommt schließlich auf die immer noch beeindruckende Summe von 3,5 bis 7,5 Milliarden Euro jährlichen fiskalischen Verlusts durch die Nicht-Integration – und dies betrifft nur die ökonomisch erfassbare Seite des Problems.

Die entscheidende Frage bei der Integration ist nicht, ob die Minderheit dazu bereit ist, denn das ist sie in fast allen Fällen. Die entscheidende politische Frage ist: Sind wir bereit, dafür Geld in die Hand zu nehmen? Als das Zuwanderungsgesetz verhandelt wurde, haben sich die Bundesländer aus der Finanzierung der Sprachkurse komplett zurückgezogen. Das ist keine Integrationspolitik.

Exkurs: Diasporapolitik

Wenn wir über wirtschaftliche Vorteile und Migration reden, dann dürfen wir einen Faktor nicht übersehen, der in der Öffentlichkeit gemeinhin stark unterschätzt wird: die Bedeutung, die Migranten für die Chancen eines Landes auf den sich stets weiter globalisierenden Märkten der Welt haben. Dass nach den Tigerstaaten in den neunziger Jahren nun Brasilien, Indien und China die neuen

Löwen des Weltmarktes sind, hat sich mittlerweile herumgesprochen. Dass viele andere Entwicklungsländer in absehbarer Zeit gleichermaßen den Sprung auf den Weltmarkt schaffen werden, ebenfalls.

Dass die Zusammenarbeit mit diesen Staaten, die wir gemeinhin noch belächeln, aber einer der entscheidenden, wenn nicht der zentrale Faktor für den zukünftigen wirtschaftlichen Erfolg Deutschlands und also unseres Wohlstands sein wird, hat sich als Erkenntnis noch nicht allerorten durchgesetzt. Gibt es eine bessere Grundlage für diese Kooperationen als interkulturelle Kompetenzen im Umgang mit genau diesen Ländern? Wenn wir indische, chinesische, argentinische oder senegalesische Communitys in Deutschland haben, die sich sowohl diesem als auch ihrem Herkunftsland verpflichtet fühlen, dann ist die beste Grundlage für Handel und Zusammenarbeit bereits geschaffen.

Der momentan wichtigste Baustein dieser Strategie ist die so genannte Diasporapolitik, auch wenn der Name irreführend ist. Schließlich ist die biblische Diaspora mit Rastlosigkeit verbunden, während wir hier von Menschen sprechen, die ihre neue Heimat gefunden haben, auch wenn sie die Bindung zur alten nicht kappen. Einige Zahlen unterstreichen ihre Bedeutung: 175 Millionen Menschen leben zurzeit in der Diaspora, das heißt außerhalb ihrer alten Heimat. Sie überweisen in ihre Herkunftsländer jährlich etwa 80 Milliarden US-Dollar. Diese Summe übersteigt die öffentlichen Mittel der weltweiten Entwicklungszusammenarbeit um mehr als ein Drittel. Nach den ausländischen Direktinvestitionen, also vor allem von Firmen, stellen sie die zweitgrößte Finanzierungsquelle für Entwicklungsländer dar. Deutschland steht dabei mit 8 Milliarden US-Dollar an jährlichen Rücküberweisungen mit der Schweiz und Belgien in der Rangliste der Herkunftsländer dieser Überweisungen an dritter Stelle, hinter den USA und Saudi-Arabien. Diese Mittel werden zudem meist wesentlich zielgerichteter eingesetzt, als das bei den oftmals großen und schwerfälligen Apparaten der Institutionen für Entwicklungszusammenarbeit möglich ist. In ihrem Buch „Fliehkraft" beschreiben Tom Holert und Mark Terkessidis ganze Stadtteile, die aus diesen Rückführungen gebaut wurden. So gibt es in der marokkanischen Stadt Tanger ein Viertel, das „Hammet Belgique" heißt, weil es von den Rücküberweisungen der Marokkaner gebaut wurde, die in Belgien wohnen und arbeiten.

Wir in Deutschland müssen die Chance, die dieser Einfluss bietet, nutzen. Denn wenn deutsche Diasporaunternehmer in ihrer alten Heimat erfolgreich sind, so werden sie vermutlich häufig ihre Kontakte und Wirtschaftsbeziehungen zu Deutschland in Anspruch nehmen, wenn es um Entwicklungen und Anschaffungen geht. Dazu ist es aber vor allem nötig, den Aufenthaltsstatus solcher Unternehmer zu verbessern. Wer hier Aufenthaltsrecht genießt und für einige Zeit in seine alte Heimat zurückkehrt, um dort eine Firma zu gründen oder für sein Unternehmen tätig zu werden, dem darf die Rückkehr nach Deutschland nicht versperrt werden.

Die entwicklungspolitischen Debatten der letzten Jahrzehnte betrafen die Frage, ob das Abwerben der Fachkräfte speziell aus Entwicklungsländern eher zu deren Nachteil („Brain Drain") oder zu ihrem Vorteil

(„Brain Gain") geschieht. Heute wissen wir, dass dies je nach Branche und Herkunftsland sehr verschieden sein kann. Während die genannten Rückzahlungen sehr viel zur Entwicklung vieler Staaten beitragen, haben wir heute mehr malawische Ärzte in London als im afrikanischen Land Malawi selbst. Deshalb ist es umso wichtiger, dass wir zu einer geregelten „Brain Circulation" kommen. Ein bengalischer Augenchirurg, der keine Angst davor hat, seinen Aufenthaltsstatus in Deutschland zu verlieren, würde eher bereit sein, nach Deutschland einzuwandern und trotzdem einige Monate im Jahr in Bangladesch den Bedürftigen mit seinen Fähigkeiten zur Verfügung zu stehen.

Darüber hinaus muss sich Deutschland mit zwei Standortnachteilen – schlechtes Wetter und die nicht-englische, deutsche Sprache – beim Wettbewerb um die weltweit besten Köpfe behaupten können. Die Rahmenbedingungen für diesen knallharten Wettbewerb können wir aber nur schaffen, wenn wir uns über die Notwendigkeit und die Spielregeln des Wettbewerbs bewusst werden.

Die multikulturellen Erfolgsgeschichten

Statt jugendliche Schlägerinnen und Schläger auf den Schulhöfen in Neukölln anzuheuern, könnten die Medien in Deutschland auch heute schon über wirtschaftliche Erfolgsgeschichten zahlreicher Migrantinnen und Migranten berichten. Eine Zahl verdeutlicht ganz klar die Dynamik, die Ausländer zum Wirtschaftsleben dieses Landes beisteuern. In den Jahren seit der deutschen Einigung ist die Zahl der Selbständigen unter den Migranten um 63 Prozent gestiegen, mittlerweile gibt es über 280 000 ausländische Selbständige oder Betriebe unter der Leitung von Migranten. Die Quote der Selbständigen unter den Migranten ist seit dem Ende der Anwerbeperiode Anfang der 1970er von 2,6 auf mittlerweile fast 10 Prozent gestiegen und hat damit fast das Niveau der Deutschen erreicht: ein Beweis für die Risikobereitschaft und den Erfolgswillen unter Zugewanderten. Diese Risikobereitschaft sorgt in Deutschland momentan für etwa eine Million Arbeitsplätze. Die Menschen mit Migrationshintergrund zahlen jährlich etwa 50 Milliarden an Steuern und Sozialabgaben.

Drei ganz verschiedene Beispiele können dieses Potenzial verdeutlichen:

Zümrüt Gülbays Eltern brachten sie mit zwei Jahren aus Ankara nach Berlin. Dort studierte sie Jura und BWL, machte nach sieben Semestern ihren Abschluss. Mit 25 Jahren promovierte sie und arbeitete als Rechtsanwältin. Drei Jahre später – mit 28! – wurde sie Professorin für Wirtschaftsrecht in Bernburg.

Nader Maleki kam 1969 aus dem Iran nach Deutschland. 1979 promovierte er im Fach Betriebswirtschaftslehre und begann eine Karriere bei der Deutschen Bank. Er brachte es weit – bis an die Spitze der Public-Relations-Abteilung, deren Gründung er selbst initiierte. Ende der 80er Jahre gründete er mit dem International Bankers Forum einen privat organisierten Berufsverband der Banker in Deutschland und begann schließlich, selbständig

Kongresse und Veranstaltungen für die Finanzbranche zu organisieren. Seit 1995 arbeitet seine Firma unter seinem Namen: Die Maleki Group in Frankfurt hat zurzeit etwa dreißig Mitarbeiter. Und neben dem Finanzgeschäft ist sie auch bürgerschaftlich engagiert: So organisierte sie eine Zeit lang den Frankfurter Marathon und für die Buchmesse Kongresse zu Fragen von Globalisierung und nachhaltiger wirtschaftlicher Entwicklung.

Souad Mekhennet ist die Tochter eines Gastarbeiterpaares. Ihre Mutter, eine Türkin syrischer Abstammung, und ihr marokkanischer Vater haben sich im Kaufhof in Frankfurt am Main kennen gelernt. Souad, das zweite von drei Kindern, besuchte das Gymnasium und arbeitete als Journalistin beim Hessischen Rundfunk. 1999 wurde sie an der Henri-Nannen-Journalistenschule angenommen. Sie war das erste Kind von Gastarbeitern, das diese Schule je besuchte. Heute kann Souad auf eine lange Referenzliste ihrer Arbeiten hinweisen: Der Spiegel, Stern, Die Zeit, Frankfurter Allgemeine Zeitung, ARD und Washington Post sind eine Auswahl ihrer Stationen. Derzeit ist sie beim ZDF beschäftigt und arbeitet als „Special Investigative Correspondent in Europe" für die New York Times.

Diese Geschichten sind nicht repräsentativ? Nun, die Rütli-Schule oder die so genannten Ehrenmorde aber auch nicht. Von ihnen durften wir aber in den letzten Monaten sehr viel lesen. Von den Erfolgsgeschichten weniger.

Was wir jetzt brauchen

Um von der ökonomischen Dynamik der Einwanderung zu profitieren, bedarf es mehrerer Voraussetzungen. Ich möchte sie hier in der Reihenfolge ihrer Wichtigkeit aufführen:

1. Integration in den Arbeitsmarkt
Warum mit dem Kriterium Arbeitsmarkt beginnen, wo doch alle über die Sprache als Schlüssel zur Integration sprechen? Ich möchte mit einer Gegenfrage antworten: Haben Sie schon einmal den Gedanken gehabt, ein Japaner, der im Frankfurter Westend in einer Bank arbeitet und kein Deutsch spricht, sei schlecht integriert? Vermutlich nicht. Diese Schicht der gut ausgebildeten Immigranten soll natürlich nicht die Probleme bildungsfernerer Ausländer verdunkeln und ich will nicht abstreiten, dass Deutschkenntnisse in fast jedem Fall eine unabdingbare Voraussetzung für den Zugang zum Arbeitsmarkt sind.

Trotzdem ist der Arbeitsmarkt die zentrale Schaltstelle für die Integration: Wer hier etabliert ist, wird anderswo deutlich weniger Schwierigkeiten haben. Und genau hier lässt der Stand der Dinge auch eine der größten Aufgaben erkennen. Nach dem Ausländerbericht 2005 der Integrationsbeauftragten der Bundesregierung lag die Arbeitslosenquote bei Ausländern im Jahre 2003 bei 20,5 Prozent, etwa doppelt so hoch wie bei den Deutschen, was eine deutliche Verschlechterung im Vergleich zu den Vorjahren bedeutet. Rechnet man die EU-Staatsangehörigen mit einer Arbeitslosenquote von 15 Prozent aus dieser Statistik heraus, kommt man auf die noch deutlichere Zahl von 25 Prozent.

Auch hier lohnt es sich, genauer hinzuschauen. Wenn man nämlich betrachtet, welche Einwanderer arbeitslos sind, so stößt man schnell auf den besonders ausgeprägten Zusammenhang zwischen Bildung und Beschäftigung bei Migranten. Finden sich etwa unter den deutschen Arbeitslosen 28,4 Prozent ohne abgeschlossene Berufsausbildung, so sind es bei den Ausländern 72,5 Prozent. „Migranten mit einer abgeschlossenen Berufsausbildung werden dagegen vergleichsweise seltener arbeitslos", konstatiert die Integrationsbeauftragte. Aber selbst bei den jungen Ausländern mit Ausbildung sind die Zahlen alarmierend: Nach einer Studie des Instituts für Arbeitsmarkt- und Berufsforschung vom November 2006 landet fast jeder zweite junge Türke in Deutschland nach der Ausbildung in der Arbeitslosigkeit.

2. Bessere Bildungschancen
Die Integration in den Arbeitsmarkt, das wichtigste Ziel an sich, ist nur durch einen gleichberechtigten Zugang zum Bildungssystem und den gründlichen Erwerb der deutschen Sprache möglich, die zweite Priorität. Dies gilt selbstverständlich auch für Deutsche, für Immigranten allerdings, wie die Zahlen zeigen, in noch viel stärkerem Maße. Die PISA- und die IGLU-Studie (Letztere über Grundschulen) haben mehrfach auf die erschreckende Abhängigkeit des Bildungserfolgs von der sozialen Herkunft eines Kindes hingewiesen. Da Migrantenkinder häufiger den unteren Schichten der Gesellschaft angehören und zusätzlich oft noch mit dem Spagat zwischen

zwei Kulturen zu kämpfen haben, sind sie davon besonders stark betroffen.

Neuere Zahlen belegen, dass Migrantenkinder zwar beinahe ebenso häufig die Angebote frühkindlicher Bildung annehmen wie ihre deutschen Altersgenossen, mit dem Beginn der eigentlichen Schulzeit aber deutlich zurückfallen. Das hat damit zu tun, dass in Deutschland die Bildungsfunktion der vorschulischen Bildungseinrichtungen noch immer viel zu wenig entwickelt ist. Hier müssten Sprachdefizite ausgeglichen und Sozialisationsleistungen erbracht werden, die in den Familien ausbleiben. Es fehlt an qualifizierten Erzieherinnen und Erziehern und an personeller Ausstattung der entsprechenden Einrichtungen.

Auch das Kapital der Zweisprachigkeit wird bislang bei weitem noch nicht hinreichend ausgeschöpft. Die Sprachforschung ist mittlerweile einhellig zu der Überzeugung gelangt, dass man Kinder, die in ihrer Familie nicht Deutsch sprechen, auch in dieser anderen Sprache weiter fördern sollte. Denn oftmals wird in den Familien kein korrektes Türkisch oder Arabisch gesprochen. Hier muss man den Realitäten ins Auge blicken, denn wenn die Erstsprache nicht richtig erlernt wurde, wird auch die gute Beherrschung von Deutsch als Zweitsprache ein deutlich schwierigeres Unterfangen.

Diese Erkenntnis ist scharf zu trennen von der Ideologie, die den muttersprachlichen Unterricht in den Anfangsjahren der Gastarbeiteranwerbung prägte: Kinder sollten damals vor allem deshalb in ihrer Muttersprache geschult werden, damit sie sich nach der vorhergesehenen baldigen Rückkehr ihrer Familien in ihrem „Heimatland" besser zurechtfänden. Nachdem man sich von dieser Illusion heute halbwegs befreit hat, muss die alte Ideologie einem anerkennenden Pragmatismus weichen. Ganz abgesehen davon, dass die Mehrsprachigkeit großer Bevölkerungsteile für ein Land wie Deutschland vor dem Hintergrund der Globalisierung einen ganz erheblichen kulturellen und ökonomischen Reichtum darstellt.

Die oben beschriebenen Probleme münden in eine deutliche Benachteiligung von Migrantenkindern bei der Einstufung in weiterführende Schulen. Nach der Grundschule besuchen 43,8 Prozent von ihnen eine Hauptschule, bei ihren deutschen Altersgenossen sind es nur 18,6 Prozent. Genau umgekehrt sieht es bei den Gymnasien aus. Diese werden von 32,3 Prozent der deutschen Kinder, jedoch nur von 13,9 Prozent der Migrantenkinder besucht. Besonders pikant sind die Daten für die Sonderschulen. Während Ausländer etwa 10 Prozent der Schüler stellen, machen sie an den Sonderschulen 16 Prozent aus: Offensichtlich weiß sich das Bildungssystem bei migrantenspezifischen Problemen in vielen Fällen nicht anders zu helfen als durch eine Abschiebung auf die Sonderschule.

Diese starke Segregation im Bildungssystem hat neben den direkten Auswirkungen auf den Bildungsgrad auch weitergehende Folgen. Die soziale Trennung wird forciert, die Schüler lernen fast ausschließlich mit Leuten aus ihren eigenen Schichten – es unterbleiben Impulse aus oder Kontakte zu anderen sozialen Realitäten. In einem System, in dem für den Berufserfolg der soziale Hintergrund und Beziehungen eine immer größere Rolle spielen, ist das eine denkbar schlechte Ausgangsposition.

Man kann daraus zunächst einmal die vorerst abstrakte Konsequenz ziehen, dass die individuelle Förderung für den Integrationserfolg von Migrantenkindern im deutschen Bildungssystem die entscheidende Voraussetzung ist. Durch die wachsende Zahl von Kindern mit Migrationshintergrund, die – ebenso wie ihre deutschen Altersgenossen – je sehr verschiedene Bildungsgrade haben, wird die Tendenz zur Heterogenität der Schüler noch weiter verstärkt. Es kommt also mehr denn je darauf an, durch mehr und besser qualifizierte Lehrerinnen und Lehrer und neue Unterrichtsformen auf die Fähigkeiten und Probleme jedes einzelnen Kindes einzugehen.

3. Deutsch lernen

Der Zugang zum Bildungssystem ist sehr eng mit der dritten Priorität verbunden, dem Spracherwerb bzw. den Kenntnissen der deutschen Sprache. Ich möchte es noch einmal betonen. Trotz Platz drei in meiner Prioritätenliste: Ohne die deutsche Sprache geht es nicht. Ohne Deutschkenntnisse, das lässt sich vor allem für sozial benachteiligte Migrantengruppen sagen, gibt es in Deutschland keine gesicherte soziale und wirtschaftliche Perspektive. Sicher, es gibt innerhalb der großen Migrantengemeinden in den Großstädten die Möglichkeit, sich auch ohne Deutschkenntnisse einen Lebensunterhalt zu verdienen. Dies gilt etwa für Familienangehörige, die im Familienbetrieb aushelfen. Aber zum einen wird die Größe dieses Arbeitsmarktes überschätzt: Laut den Zahlen der Integrationsbeauftragten ist die Quote der mithelfenden Familienangehörigen in Betrieben im Besitz von Ausländern nicht höher als bei Deutschen. Zum anderen stellt dieser isolierte Sektor keine Zukunftsperspektive dar. Denn spätestens die nachfolgende Generation wird wieder vor großen Schwierigkeiten stehen, wenn sie die deutsche Sprache nicht beherrscht, weil sie zu Hause nicht gesprochen wird.

Für die neu nach Deutschland zuwandernden Ausländer gibt es durch das neue Zuwanderungsgesetz, das im Jahre 2005 noch von der rot-grünen Bundesregierung verabschiedet wurde, umfangreiche Angebote und teilweise auch Verpflichtungen, an Integrations- und Sprachkursen teilzunehmen. Für die seit vielen Jahren in Deutschland lebenden Ausländer aber ist der Zugang zu diesen Kursen nur in begrenztem Maße möglich. Aber genau hier gibt es große Defizite. Da man jahrelang die Einwanderung ignorierte, hat man es versäumt, vielen Menschen die praktischen Werkzeuge zu Integration in die Hand zu geben. Verstärkte Angebote sind hier vonnöten.

4. Rechtsgleichheit
Noch immer aber kämpfen selbst gut integrierte Zuwanderer der ersten Einwanderergeneration damit, dass sie keinen deutschen Pass haben und damit den Deutschen in vielerlei Hinsicht rechtlich nicht gleichgestellt sind. Durch das veraltete deutsche Staatsbürgerschaftsrecht waren Einbürgerungen bis zur Reform des Jahres 1999 allein in das Ermessen der Behörden gestellt. Durch die Reform, deren ursprünglicher Umfang durch einen Kompromiss im Bundesrat erheblich eingeschränkt werden musste, gibt es jetzt klare Regelungen darüber, wann die deutsche Staatsbürgerschaft verliehen werden kann. Besonders bei der Hinnahme der Mehrstaatigkeit aber gibt es noch erhebliche Mängel. Hier versucht der Staat, klare Zeichen gegen die Mehrstaatlichkeit zu setzen. Warum

eigentlich? Schon der ehemalige konservative Ministerpräsident und spätere Wirtschaftswunderstar Lothar Späth wusste, dass ein guter Konservativer nicht bereit sein dürfte, seine alte Staatsbürgerschaft abzugeben.

Auch wenn es für neue Zuwanderer, denen entsprechende Angebote gemacht wurden, sinnvoll erscheint, Aufenthaltstitel und schließlich die Staatsbürgerschaft an deutsche Sprachkenntnisse zu knüpfen, so ist das für Leute, die oft seit zwanzig oder dreißig Jahren in Deutschland leben, absurd. Wer seit Jahrzehnten in diesem Land lebt und arbeitet, dem sollte der deutsche Pass auch dann nicht verweigert werden, wenn seine Sprachkenntnisse mangelhaft sind oder er aus rechtlichen oder persönlichen Gründen seinen alten Pass nicht abgeben kann oder will.

5. Bessere Wohnungen
Kommen wir zur Frage der Wohnsituation: „Die Wohnbedingungen sind ein wesentliches Merkmal zur Beschreibung der sozialen Lage, denn sie spielen eine entscheidende Rolle für die Gesundheit und das Wohlbefinden von Individuen", schreibt die Integrationsbeauftragte in ihrem Ausländerbericht, um wenige Seiten später zu einer ernüchternden Feststellung zu gelangen: „Es muss davon ausgegangen werden, dass die durchschnittliche Qualität der Wohnumgebung von Menschen mit Migrationshintergrund schlechter ist als von ‚Ur-Deutschen'." Zwei Daten springen sofort ins Auge. Die durchschnittliche Wohnfläche, die in Familien ausländischer Herkunft zur Verfügung steht, beläuft sich laut Ausländerbericht auf 27 Quadratmeter, bei deutschen Familien sind es dagegen 43 Quadratmeter. Die Preise, die für diesen qualitativ zudem meist

schlechteren Wohnraum bezahlt werden müssen, sind dagegen meist höher. Dazu kommt, dass Migranten, trotz steigender Zahlen, nach wie vor deutlich seltener Eigentümer ihres Wohnraums sind. Die eigene Wohnung oder das eigene Haus, Ausdruck der dauerhaften Verankerung an einem Ort und der materiellen Eigenständigkeit, sind also noch die Ausnahme.

Dabei ist es gerade dieser Aspekt, der beim Wohnraum für Migranten ausschlaggebend ist. Es ist nicht so sehr die Frage von „Ghettos" oder „Parallelgesellschaften". Die hierzu vorliegenden Studien weisen im Gegenteil darauf hin, dass der Stadtteil nicht ausschlaggebend für den Integrationserfolg ist. Es geht vielmehr um den Grad der Anerkennung und des physischen Wohlfühlens, die beim Wohnen im Mittelpunkt stehen.

6. Klima der Offenheit und Toleranz
Bleibt als sechster Punkt noch das gesellschaftliche Klima der Offenheit und Toleranz. Was nach Wunschdenken klingt, ist durchaus sehr gut lenkbar. Da sind selbstverständlich das Bildungssystem und eine Erziehung fern von Vorurteilen gefordert. Aber gerade die Politik kann hier auch sehr viel tun. Darunter ist die Aufgabe, Zeichen der Intoleranz zu vermeiden, noch das Geringste. Noch schöner sind natürlich positive Zeichen. Johannes Rau sagte in seiner Antrittsrede als Bundespräsident, er wolle nicht nur der Präsident der Deutschen sein, sondern der Präsident der Menschen in Deutschland. Auch die Errichtung einer Deutschen Islamkonferenz durch den konservativen Innenminister Wolfgang Schäuble setzt positive Signale. Beim ersten Beispiel geht

es um die Selbstverständlichkeit der Existenz von Nichtdeutschen in Deutschland, das zweite Beispiel soll die Mehrheitsgesellschaft mit der Anwesenheit muslimischen Lebens in diesem Land versöhnen.

Auch bei der gesetzlichen Grundlage kann der Staat sehr viel tun. Das Paradebeispiel hierfür ist das Antidiskriminierungsgesetz (ADG), das mittlerweile Allgemeines Gleichbehandlungsgesetz (AGG) heißt. Zur Vorgeschichte: Die Europäische Union hat mehrere Richtlinien erlassen, die Menschen im Bürgerlichen wie im Zivilrecht vor Diskriminierung aufgrund von Herkunft oder Hautfarbe schützen sollten. Niemandem soll mehr eine Wohnung oder eine Stelle verweigert werden dürfen, weil sein Teint nicht stimmt. Die rot-grüne Regierung hat nach langem Tauziehen beschlossen, dass der Schutz vor Diskriminierung richtig ist, aber auch für andere Merkmale gelten muss. So entstand das ADG, das zudem Menschen mit Behinderung, Andersgläubige, Ältere und Homosexuelle schützen sollte.

Es gab einen Sturm der Entrüstung gegen das ADG. Die Union nannte das Gesetz einen „Jobkiller", die FDP ein „bürokratisches Monstrum". Nach dieser Logik dürfte man einem schwulen Paar die Anmietung einer Wohnung verweigern, damit man danach nicht allzu viel Papierkram zu erledigen hat. Die große Koalition beschloss später das AGG, das im Kern dem ADG sehr nahekommt. Danach ist das Abendland nicht untergegangen. Ich behaupte, dass ein solches Gesetz mittelfristig einen Bewusstseinswandel in der Mehrheitsgesellschaft bewirken kann. Allein deswegen schon, weil beispielsweise Restaurants sich nun strafbar machen, wenn sie

Menschen in Rollstühlen nicht bewirten.

Im Übrigen haben die allermeisten Wirtschaftsunternehmen, vor allem international agierende Betriebe, mit den neuen Regeln gar keine so großen Probleme. Längst hat man sich hier amerikanischen Standards angenähert, die in Sachen Farbenblindheit bei der Einstellung von Arbeitnehmern den deutschen und den meisten europäischen Regelungen weit voraus sind.

Am Abend der Landtagswahl 2003 in Hessen fuhr ich nach der Wahlparty gemeinsam mit meiner damaligen Freundin und einem Parteifreund frustriert nach Hause. Schließlich hatte die CDU gerade die absolute Mehrheit der Sitze im Landtag erlangt. Ein Mann stieg in die U-Bahn ein, der in Anspielung auf die damalige Hymne für den DFB-Coach Rudi Völler „Es gibt nur einen Roland Koch" sang.

„Gott sei Dank", warf ich scherzhaft ein.

„Jetzt können wir endlich etwas gegen die Ausländer tun." Er hatte mich also entdeckt. Ein Wort folgte dem anderen. Ich stieg aus, er fuhr weiter und erzählte meinem Parteifreund, früher hätte man Menschen wie mich „ins Gas geschickt".

Ich zeigte den Mann natürlich an. Er bekam als Strafe sechzig Tagessätze. Da er Beamter war, wurde dies in seiner Personalakte vermerkt. So viel Reue habe ich selten im Gesicht eines Menschen gesehen wie in seinem nach der Urteilsverkündung. Genauso ist es mit dem Antidiskriminierungsgesetz auch. Wer nicht lernen will, muss fühlen.

Was hält die Gesellschaft zusammen?

*Ich verehre Menschen, die eine ideale
Gesellschaftsordnung suchen, und fürchte
diejenigen, die sie gefunden haben.
(Ephraim Kishon)*

Fußballweltmeisterschaft 2002, Halbfinale Deutschland gegen Südkorea. Ich schaue mir das Spiel in einem englischen Pub in der Nähe des Frankfurter Hauptbahnhofs an. Das Lokal ist von einem koreanischen Kulturverein angemietet, so dass hunderte Menschen für Südkorea schreien, während einzig die beiden Türsteher und ich den Deutschen die Daumen drücken. Als Michael Ballack in der 77. Minute endlich das 1:0 schießt, umarmen wir drei uns überschwänglich, ohne uns zu kennen. Die beiden Türsteher sind blond – ich nicht. Also erwecke nur ich die Aufmerksamkeit der Koreaner. Einer von ihnen kommt zu mir und fragt mich, warum ich den jubele: „Du bist doch Ausländer, du weißt doch, was die Deutschen mit uns tun."

Diese Situation mag sich seit dem Schwarz-Rot-Gold-schwenkenden Kreuzberg während der WM 2006 graduell gebessert haben, grundlegend verändert hat sie sich nicht. Schaut man sich andere – klassische – Einwanderungsländer an, so gibt es über die lokale Integration hinaus immer auch den Versuch, die Menschen emotional an das Land zu binden. Nirgendwo ist dies ersichtlicher als im überschäumenden Patriotismus der USA.

Mit dem Patriotismus ist es in Deutschland so eine Sache. Der Rapper MC Torch, ein gern gesehener Gast auf Integrationspodien, stellt immer wieder die berechtigte Frage, wohin die Ausländer sich denn integrieren sollen, wenn die Deutschen selbst aus historischen Gründen nicht so genau wissen, wie ihr Verhältnis zu ihrem Land sein soll. Er hat Recht. Doch Achtung: Das ist kein Appell, einen Schlussstrich unter die deutsche Frage zu ziehen. Die Konsequenz aus dieser Einsicht ist nicht: Wir Deutschen entkrampfen aus pragmatischen Gründen unser Verhältnis zur Nation und vergessen die Geschichte. Die Konsequenz ist, nach deutschen Alternativen für den amerikanischen Patriotismus zu suchen, um das Gefühl der einen Gesellschaft zu schaffen.

Einwanderer, zumal jüngere, stehen in der Regel von drei Seiten unter Druck. Da ist einmal die Mehrheitsgesellschaft, die sagt, der Einwanderer solle sich gefälligst anpassen. Da ist die Familie, in der gerade Eltern der ersten Migrantengeneration darauf achten wollen, dass die Kinder und Enkelkinder die alte Heimat nicht „vergessen und verraten", weil sie ihre noch sehr lebendigen, meist verklärten Erinnerungen an das Herkunftsland bei ihren Nachkommen bewahrt sehen wollen. Und da ist die Community, die in Details ihren eigenen Verhaltenskodex haben kann, der wiederum womöglich im Widerspruch zum Normverhalten der Mehrheitsgesellschaft steht.

Deshalb brauchen wir Vorbilder, die Mut machen auf dem Weg, die beschriebene Kluft zu überbrücken. Ich erinnere mich, wie verwundert ich war, als ich Ende 1994 mit Cem Özdemir den ersten türkischstämmigen Bundestagsabgeordneten im deutschen Fernsehen sah. Dieser

Mann im Fernseher war doch ein „Ausländer", oder? Und er konnte trotzdem in die Politik gehen? Das war möglich?

Auf den zweiten Blick erst drehte sich die Frage um: Warum sollte das auch unmöglich sein? Aber auf die Idee war ich vorher überhaupt nicht gekommen. Ohne diese Initialzündung wäre ich nie in eine Partei eingetreten. Manche engagieren sich für den Naturschutz, weil sie als Kind dabei zusehen, wie ein Baum gefällt wird. Das Schlüsselerlebnis, das mir die Möglichkeit eines politischen Engagements überhaupt aufzeigte, war Cem im Fernsehen.

Cem war der Pionier in der Politik. Mittlerweile gibt es Menschen mit „Migrationsoptik" auch als Fernsehmoderatoren, als Professoren an Universitäten, als Künstler und im Sturm der deutschen Fußballnationalmannschaft – die Stürmer im WM-Jahr 2006: Lukas Podolski, Miroslav Klose, Gerald Asamoah, Kevin Kuranyi, Oliver Neuville und Thomas Brdaric. Das ist ein bescheidener Anfang, mehr nicht. Wir brauchen Vorbilder für das ganze Land und für jedes Stadtviertel. Es gibt in jedem Stadtteil, in jeder Straße, in jeder Moschee, in jedem Jugendzentrum den einen oder die eine, der oder die für die Jüngeren eine Autorität und für die Älteren eine Beratungsinstanz darstellt. Diese Vorbilder müssen wir finden und in unsere Strategie einbinden. Eine Strategie, die am Ende dazu führt, dass wir die Kluft zwischen „ihnen" und „uns" überwinden. Diese Vorbilder können und müssen beiden Seiten Mut machen, dass es geht.

Gehen wir noch einmal einen Schritt zurück. Was hält diese Gesellschaft zusammen? Der ehemalige Bundesverfassungsrichter Ernst Gottfried Mahrenholz traut sich, diese hochkomplexe Frage zu beantworten: „Würde, Gerechtigkeit und Dialog." Gehen wir die Begriffe einmal durch. Gäbe es ein Wort, mit dem sich das deutsche Grundgesetz zusammenfassen ließe, so wäre dies wohl „Würde". Zur Verfassung kommen wir später wieder. Gerechtigkeit ist – neben Freiheit – in der praktischen Philosophie der wohl am meisten diskutierte Begriff. Von Aristoteles über Rousseau bis Rawls haben sich Denker an der Gerechtigkeit versucht. Für unsere Debatte ist das subjektive Gefühl der Gerechtigkeit von Bedeutung. Dieses Gefühl ist nicht zwingend deckungsgleich mit der Realität.

Gehen wir also noch einmal zurück zum Dialog, weil er konstitutiv bleibt für den Integrationsprozess. Im letzten Kapitel haben wir über den Streit, die gut informierte Debatte gesprochen. Er ist notwendig, damit sich so etwas wie eine Gesellschaft überhaupt bilden kann; vor allem, damit eine demokratisch verfasste Gesellschaft zu einem Selbstverständnis und zu Problemlösungen kommen kann. Der wohlmeinende Schwabe (ein echter Deutscher, davon kommen in diesem Buch ja sonst nicht so viele vor) wird da noch ein Gschmäckle beanstanden. Denn in der Tat machte es den Eindruck, als bliebe ein Teil der Gesellschaft von diesem Dialog ausgespart, als redete da eine echte deutsche Gesellschaft *über* ihre Ausländer. Das Ziel aber muss selbstverständlich ein anderes sein: ein Land, das nicht nur *mit* „seinen" Ausländern spricht, sondern sie auf diesem Wege schließlich zu einem Teil seiner eigenen Gesellschaft werden lässt.

Wie viel Parallel verträgt die Gesellschaft?

Man redet gerne und viel über die Parallelgesellschaften in diesem Land. Bilder und Geschichten aus Berlin-Neukölln, Frankfurt-Griesheim, Mannheim-Neckarau vermitteln das Bild von kulturell homogenen Räumen, in denen sich die Mehrheitsgesellschaft nicht mehr zurechtfindet, in denen eine Community oder wenige Communitys so dominant geworden sind, dass sie allen anderen das Leben schwermachen; in denen sich jeder „normale Mensch" „fremd" fühlt: Ghettos in einem prägnanten und beliebten Wort.

Waren Sie schon mal in Pirna?

Nein? Glück gehabt. Pirna befindet sich nämlich in der sächsischen Schweiz und ist eine so genannte national befreite Zone. Kurz nach der Wende von rechten Ideologen entworfen, ist diese Strategie des rechtsradikalen Kampfes in einigen Landstrichen schon aufgegangen. Wenn Sie sich in Ihrem eigenen Land mal so richtig fremd fühlen wollen, fahren Sie einmal dort hin. Wenn Sie aber eine dunkle Hautfarbe haben, einen Ring im rechten Ohr, Dreadlocks auf dem Kopf oder andere Absonderlichkeiten aufweisen, dann lassen Sie es lieber bleiben, denn sonst kommen Sie möglicherweise nicht wieder heil nach Hause zurück. Denn in diesen Gegenden gelten trotz sehr bemühter Polizeiarbeit faktisch eigene Gesetze, Gewalt wird von Schlägertrupps der NPD oder ihren Spießgesellen ausgeübt.

Leider ist davon selten die Rede, wenn mal wieder die Parallelgesellschaften im bundesrepublikanischen Medienzirkus en vogue sind.

Sehen wir von der Zuspitzung auf Parallelgesellschaften einmal ab, so stellen wir fest, dass Migranten in ihren neuen Heimaten meistens Communitys bilden. Das ist ein Phänomen, das sich überall beobachten lässt, am besten vermutlich in den USA, am wenigsten in Deutschland. Neben traditionellen Gruppierungen wie den Italo-Amerikanern haben sich in letzter Zeit vor allem die Latinos organisiert. An der Organisation „La Raza" kommt kein Kandidat vorbei. Das geht so weit, dass selbst republikanische Kandidaten nicht mehr umhinkommen, die Belange dieser Immigranten, die zu großen Teilen den amerikanischen Pass besitzen und folglich wahlberechtigt sind, zu berücksichtigen. Das sichtbarste Resultat dieser Bemühungen ist, dass die Grand Old Party, die Republikaner, eine komplett spanische Fassung ihrer Homepage ins Netz gestellt hat, und dass auf den Seiten kaum eines ihrer Kandidaten eine solche Version fehlen dürfte.

Communitys – im Kontext der Debatte um Migration – sollte man an und für sich erst einmal wertfrei als das betrachten, was sie sind: Gemeinschaften von Menschen, die den gleichen Hintergrund haben. Menschen, die von diesem Hintergrund her gewisse Erfahrungen teilen, ein gemeinsames kulturelles Referenzsystem haben, die ähnliche Sorgen und Nöte umtreiben. Erst einmal unterscheidet sie da gar nicht so viel vom Bauernverband in einer westfälischen Kleinstadt – abgesehen davon, dass eine Community eher selten vereinsrechtlich so solide verfasst sein dürfte wie jener. Der Bauernverband ist auch eine Interessengemeinschaft, nur hat es die Community sehr viel schwerer, gemeinsame Standpunkte zu formulieren. Schließlich ist das einende Band einer Community normalerweise ein eher diffuser Begriff von Kultur oder Ethnie, der an sich noch nicht definiert, ob ihre Mitglieder jung, alt, konservativ, liberal oder was auch immer sind. Trotzdem versuchen verfasste Communitys, die Interessen „der Latinos" in den USA (La Raza) zu vertreten. Und das mit gutem Erfolg, wie wir gesehen haben.

Ein weiteres Beispiel aus den Vereinigten Staaten ist die National Association for the Advancement of Colored People (NAACP). In den zwanziger Jahren des 20. Jahrhunderts gegründet, ist die NAACP die älteste afro-amerikanische Organisation in den USA: In den Gründerjahren verspottet, später verhasst, erlangte sie unter der Führung von Martin Luther King nicht nur großes Renommee, sondern auch großen Einfluss. Heute kann man die amerikanische Nachkriegsgeschichte nicht mehr unter Ausschluss der NAACP studieren. Der Verband hat nicht nur die Mehrheit der Afro-Amerikaner vertreten können, sondern vor allem mit Geduld aus seinen Fehlern gelernt und auf seine Chance gewartet. Heute ist die NAACP – trotz anderer, hierzulande vielleicht bekannterer Gruppen wie PUSH oder Nation of Islam – der größte Interessenverband für die Rechte „farbiger Menschen".

Zurück zum Bauernverband in NRW. Mit ihm teilen die Communitys Glanz und Elend: Sie können eine soziale Basis bieten, sie geben Menschen einen Ort, an dem sie sich mit „Gleichgesinnten" austauschen können, sie erfüllen die politische Funktion der Interessenvertretung, vor allem vor Ort. Gleichzeitig können sie aber auch abschottend und repressiv wirken. Um den Vergleich mit dem Bauernverband weiterzuführen: Fragen Sie mal einen Landwirt, der auf ökologischen Landbau umgestellt hat, welchem sozialen Druck er ausgesetzt war.

In dem Moment, in dem solche Communitys als Plattform der öffentlichen Meinungsäußerung dienen, in dem sie Forderungen an dieses Land kundtun, ist ein wichtiger Tatbestand der Integration schon erfüllt: Man begreift sich als Teil der Gesellschaft, man hat den demokratischen Diskussionsprozess anerkannt und partizipiert. Unser Wunsch müsste also lauten: Mehr Community!

Im Idealfall bilden solche Communitys auch Identifikationsfiguren aus, die bis in die „Mehrheitsgesellschaft" hinein Gehör finden und als „Role Models", als Modelle dienen können. Und sie können, wenn sie sich öffentlich Gehör verschaffen, der Mehrheitsgesellschaft darlegen, dass der gefühlte Graben zwischen „uns" und „denen" falsch gezogen wird. Sie können zeigen, dass es schließlich nicht beispielsweise um Muslime gegen Christen geht, sondern dass es auf beiden Seiten Fundamentalisten gibt und Menschen, die um Ausgleich, Demokratie und Freiheit bemüht sind. Zwischen diesen beiden Parteien, Fundmentalisten und Dialogbereiten, verläuft der Graben; und das kann eine gut funktionierende Community vermitteln.

Franz Walter geht sogar noch einen Schritt weiter. Der Göttinger Politikwissenschaftler schreibt, dass Parallelgesellschaften in der Form, wie ich sie hier als Community beschrieben habe, gar ein unverzichtbarer Bestandteil der Integration sein können: „Die ‚Parallelgesellschaften' boten Aufstiegsmöglichkeiten in der Hierarchie ihres eigenen Organisationskosmos. Und in dem Maße, wie sich diese Organisationen zugleich als Pressure Groups in der offiziellen Gesellschaft zu Worte meldeten und Erfolge erzielten, in dem Maße trugen sie auch zur sukzessiven sozialen und schließlich kulturellen Einbindung im Gesamtgefüge der Nation bei. Insofern kann Segregation eine ganz unvermeidliche Brücke, eine nachgerade konstitutive Zwischenstation zur Integration bilden."

Eine plurale Gesellschaft muss es aushalten, dass sich ihre Mitglieder an manchen Orten kulturell fremd vorkommen. Das gilt für Straßenzüge in Berlin-Neukölln genauso wie für Orte politischer Versammlung – für so manchen Gewerkschaftsortsverein, in dem die Banken als „die Zecken am Volkskörper" bezeichnet werden, für so manche Satzungsdebatte auf Grünen-Parteitagen oder eben den politischen Aschermittwoch der CSU in Passau.

An der Duke-Universität in North Carolina gibt es ein Institut, das sich mit der gesundheitlichen Situation von Minderheiten beschäftigt. Nach Jahren der Recherche ist das Institut zu dem Ergebnis gekommen, dass Fettleibigkeit überdurchschnittlich häufig bei den Latinos, Suchtkrankheiten häufiger bei Afro-Amerikanern auftreten. Die Arbeit dieses Instituts wäre in Deutschland sicher hoch umstritten, weil sie Assoziationen zur nationalsozialistischen Rassenlehre weckt. Gleichzeitig erarbeitet das Institut gemeinsam mit den betroffenen Communitys Präventionsformen, die erfolgreich sind. Auch für solche Kooperationen im Sinne des Wohls der Minderheiten brauchen wir stärkere Communitys. Einen guten Überblick über die verschiedenen Formen von Migrantencommunitys bietet das Buch „Eingewandert. Deutschlands ‚Parallelgesellschaften'" von Kerstin E. Finkelstein. Wer die Situation in anderen vergleichbaren Staaten kennt, wird also zu dem Ergebnis kommen müssen, dass wir in Deutschland nicht zu viele, sondern zu wenige Community-Strukturen haben.

Wenn wir die Bedeutung der Rolle von Communitys als Sprachrohre gesehen haben, begreifen wir die Notwendigkeit, ihnen ein Forum in der Öffentlichkeit zu geben. Integration bedeutet gerade, dass Migranten oder Minderheiten in ihrer neuen Heimat die Möglichkeit bekommen, ihre Kultur leben und auch mitteilen zu können. Die fremde und die eigene Kultur dürfen einander dabei nicht ausschließen, damit keine Ghettoisierung entsteht, und wer jemanden auf etwas festlegt, wird mit der Möglichkeit zu rechnen haben, dass dieser andere der Festlegung irgendwann auch folgen wird.

Eines aber muss ganz klar sein: Beim Rechtsbruch hört die Toleranz auf.

Ein Beispiel hierfür sind die so genannten Ehrenmorde. Der bekannteste war der an Hatun Sürücü. Das Motiv eines ihrer drei Brüder, die den Mord wohl anscheinend gemeinschaftlich begangen hatten, lautete: „Meine Schwester war so deutsch geworden." Der bisher unverhohlenste, unglaublichste und menschenverachtendste Ausdruck der Kluft, die ich bereits erwähnt habe.

Der Prozess um Deutschlands bekanntestes Verbrechen im Namen der Ehre sorgte für große Aufregung, da in der ersten Instanz zwei der drei Brüder „aus Mangel an Beweisen" freigesprochen wurden. Ohne in die juristischen Details dieses vieldiskutierten Falles einsteigen zu wollen, lässt sich doch festhalten, dass sich Richterinnen und Richter über die sozialen Konsequenzen ihrer

Urteile im Klaren sein sollten. Zahlreiche Prozessbeobachter hatten schwere Zweifel an diesem „Beweismangel" geäußert. Rücksichtnahme auf kulturelle Differenzen, die im Widerspruch zu den Grundsätzen unserer Rechtsordnung stehen, ist kontraproduktiv – immer!

Im Übrigen will ich mit einem doppelten Missverständnis über die Verbrechen im Namen der Ehre – der Begriff „Ehrenmorde" suggeriert, dass es da wirklich um eine zu verteidigende Ehre geht – aufräumen:

Erstens sind diese Verbrechen nicht mit normalen Eifersuchtsmorden zu vergleichen. Denn einem Verbrechen im Namen der Ehre geht in der Regel das Todesurteil des Familienrates voraus; zumindest steht die Familie des Opfers hinter dem Täter. Ganz besonders bestürzend hierbei ist meistens die Rolle der Mütter, die ihre Töchter nicht nur nicht verteidigen, sondern den geplanten Mord mit ihren eigenen Erfahrungen begründen. „Als ich jung war, habe ich auch keine vorehelichen sexuellen Kontakte gepflegt [ehrlicher wäre ‚pflegen dürfen']." Dieses Missverständnis führt bei den einen zur Relativierung dieser Verbrechen, bei den anderen dazu, dass jedes Eifersuchtsverbrechen in die „Ehrenmord"-Statistik eingereiht wird.

Das zweite Missverständnis betrifft den kulturellen Hintergrund dieser Taten. Es geht nicht per se um Frauen aus muslimischen, sondern allgemein aus patriarchalischen Familien. Die Statistik ist eindeutig: Auch über junge Sizilianerinnen oder Brasilianerinnen werden in Deutschland im Familienrat Todesurteile ausgesprochen. Überdies sind Verbrechen im Namen der Ehre kein neues Phänomen an den Rändern unserer Gesellschaft. Werner Schiffauer publizierte zu diesem Thema bereits im Jahr

1983 ein Buch mit dem Titel: „Die Gewalt der Ehre." Wer wissen wollte, dass es diese Verbrechen gab, konnte es damals schon wissen, ganz gleich ob Multikulturalist oder Leitkultivist.

Aber auch die Debatte über das Phänomen „Zwangsverheiratung" ist völlig unterbelichtet. Festzuhalten ist, dass bis zu einem Drittel aller Zwangsverheirateten männlich sind. Fakt ist, dass dieses Phänomen nicht nur altbekannt, sondern auch nicht besonders fremdländisch ist. Ich kenne „Ur-Deutsche", die in jungen Jahren eine Person gegen ihren Willen heiraten mussten. Später zogen sie in den Deutschen Bundestag und waren weiterhin mit der Person verheiratet.

Darüber hinaus werden hier viele Begriffe wie Zwangsverheiratung, Importbräute oder arrangierte Ehe wild durcheinandergeworfen, obwohl sie nicht deckungsgleich sind. So reiht die Bundestagsabgeordnete Kristina Köhler in ihren meisten Bundestagsreden diese Begriffe aneinander, als wären sie wirklich vergleichbar. Zur Klärung: Zwangsverheiratet ist, wer gegen den eigenen Willen und ohne Einflussnahme auf die Partnerwahl heiraten muss. Eine Zwangsverheiratung erfüllt damit den Straftatbestand der Nötigung.

Importbräute können, müssen aber nicht zwangsverheiratet sein. Als ich etwa zwanzig Jahre alt war, begann meine Verwandtschaft in Teheran, mir Fotos von bildschönen jungen Frauen zu schicken, die angeblich alle bereit waren, mich zu heiraten. Ich müsste nur einwilligen und meine Tanten würden dann sofort bei den Eltern der Braut um ihre Hand anhalten und die Formalitäten klären. Ich fand das absurd, und irgendwann hörte meine Verwandtschaft mit diesen Briefen wieder auf. Aber das Traurige ist, dass die meisten dieser Mädchen mich ungesehen gern geheiratet hätten, bloß um den Iran auf Dauer verlassen zu können. Die Scheidungsrate dieser iranischen Importbräute in Deutschland ist meines Wissen überdurchschnittlich hoch.

Arrangierte Ehen können unter Zwang entstanden sein, müssen aber nicht. Wenn eine Tochter nach alter Tradition ihres Dorfes ihre Mutter bittet, für sie den passenden Mann zu suchen, so ist das weder modern noch besonders romantisch, aber nicht zwingend eine Zwangsehe. Und wenn wir ehrlich sind, dann finden wir bei der (Groß-)Elterngeneration, die heute über siebzig Jahre alt ist, nicht allzu viele Ehen, die romantisch und modern sind. Umso erfreulicher, wenn die Konservativen, die sich vor wenigen Jahren noch massiv gegen die Ausweisung der Vergewaltigung in der Ehe als Straftatbestand gewehrt haben, heute für die Frauenrechte in einer Ehe kämpfen.

Die Vorbereitungsgesellschaft

Aber Parallelgesellschaften sind nicht das einzige Schreckenswort im Integrationsdiskurs. „Die angebliche Parallelgesellschaft ist eigentlich eine Vorbereitungsgesellschaft", schreibt der Autor Botho Strauß in einem Beitrag für den Spiegel.

Was Strauß antreibt, wird nach genauer Lektüre seines Beitrags klarer. Es ist offensichtlich die nach seiner Wahrnehmung stärkere Anziehungs- und Ordnungskraft eines strenggläubigen und kollektivistischen Islam gegenüber einer säkularen Gesellschaft, der von ihm so genannten „Beliebigkeit". Hinzu kommt – von Frank Schirrmacher öffentlichkeitswirksam formuliert – eine Entwicklung der Bevölkerung, die den christlichen oder christlich angehauchten Deutschen in eine zahlenmäßige Minderheitenposition treiben soll.

Zugespitzt ziehen diese beiden Autoren folgende Schlussfolgerung: Der Kollektivismus des Islam ist der Pluralität der Postmoderne überlegen. Letztere ist gescheitert, zahlenmäßig am Aussterben; das Abendland braucht dringend den Ruf zu den Waffen der eigenen Werte, welche dies immer auch sein mögen. Außerdem wirkt das religiös-kollektive Bewusstsein quasi als Dopingmittel bei der Geburtenolympiade.

Eine solche Analyse von Menschen zu hören, die früher einmal der Meinung waren, der Westen habe den Kalten Krieg gewonnen, weil der Geist der individuellen Freiheit der kollektivistischen Dumpfheit der Sowjetunion hoch überlegen ist, überrascht. Und lässt tief blicken. Hier sitzen Intellektuelle, die tief gekränkt sind, weil ihre Söhne auf dem Fußballplatz von jungen türkischstämmigen Deutschen „Christenschwein" gerufen wurden – wie Strauß selbst schreibt. Und die zutiefst verängstigt sind aufgrund der real existierenden Probleme in unseren multikulturellen Metropolen.

Auch wenn es keinen Unterschied macht, ob der eine den anderen „Christenschwein" oder der andere den einen „Kümmeltürke" nennt: Diese Ängste müssen ernst genommen werden, das ist keine Frage. Trotzdem: Angst ist eine schlechte Ratgeberin, und wenn sie zu dem Ergebnis führt, dass wir die grundgesetzlich verankerte Pluralität unserer Gesellschaft einschränken oder gar aufgeben müssten, um der Gefahr einer kollektivistischen Identität zu begegnen, dann führt sie in die Irre.

Identitäten sind Konstrukte. Welche Arten dieser Konstrukte möglich sind, ist die entscheidende normative Frage an jede Gesellschaft. Die auf Säkularität aufgebaute Pluralität aufzugeben bedeutet, alles aufzugeben, was eine moderne und offene Gesellschaft ausmacht.

Will man in der Moderne bleiben, gibt es gesellschaftspolitisch eine einzige denkbare Alternative: Wir brauchen einen radikalen Republikanismus in einer multikulturellen Realität. Das bedeutet in erster Linie, das Individuum mit seinen komplexen Bindungen zu sehen und nicht die Gruppe, zu der eine Person quasi automatisch gehört und auf die sie reduziert wird. Dies ist zwar schwieriger zu vermitteln als ein flaches „Zurück in die fünfziger Jahre" aus Angst vor einer auswärtigen Invasion. Trotzdem ist dies die einzige Methode, um den wahren gesellschaftlichen Graben zu sehen. Dieser verläuft nämlich noch immer nicht zwischen Christen und Muslimen oder zwischen Säkularen und Religiösen, sondern zwischen der Freiheit der Moderne und dem Kollektiv des Fundamentalismus.

Erst wenn wir dies begriffen haben, werden wir in der Lage sein, die in den letzten Jahrzehnten vergessene Integrationspolitik aufzuholen. Denn dann können wir eine gesellschaftliche Bündnispolitik betreiben, die den Fundamentalisten auf beiden Seiten die Chance nimmt, den fiktiven religiösen Graben zu verbreitern. Geben wir aber stattdessen pauschal die Muslime in diesem

Land auf, so entziehen wir unseren potenziellen muslimischen Bündnispartnern jeden Handlungsspielraum. Wir sollten Multiplikatoren gewinnen, die für die Moderne kämpfen, statt die Mauern in unseren Köpfen höher und höher zu ziehen.

Die wirklich schwachen Zeiten waren schließlich diejenigen, in denen mentale Barrieren gen Himmel ragend die Gesellschaft spalteten, statt sie frei und plural zu gestalten.

Die Loyalitätsparanoia

Parallelgesellschaften sind ein recht deutsches, zumindest ein europäisches Konzept. Gibt man das englische Äquivalent in der Suchmaschine Google ein, so wird man kaum einen Eintrag finden, der sich auf die US-amerikanische, kanadische oder neuseeländische Debatte bezieht. Es scheint, als mangelte es diesem Land an einer gewissen Souveränität im Umgang mit den verschiedenen Facetten der Identitäten seiner (Mit-)Bürger. Ich möchte dafür zwei Beispiele anführen.

Also: Erstmals wurde mir das Phänomen des Zweifels an der Loyalität von Migranten anlässlich der Debatte um den so genannten Doppelpass bewusst. Die Reform des Staatsbürgerschaftsrechts war eines der großen Projekte der rot-grünen Bundesregierung, die 1998 gewählt wurde. Das alte „ius sanguinis", das 1913 entstandene Blutsrecht aus wilhelminischer Zeit, definierte die Staatsangehörigkeit fast ausschließlich als eine Blutszugehörigkeit: Deutscher wurde, wer von Deutschen herstammte. Alle anderen Einbürgerungen waren Ermessenssache der Beamten. Rot-Grün hatte ein mutiges Paket auf den Weg gebracht, das die Umstellung auf das „ius soli" beinhaltete, das Staatsangehörigkeit in erster Linie territorial bestimmt. Im Klartext und etwas verkürzt: Wer hier auf deutschem Boden geboren wird, der bekommt einen deutschen Pass – und wer lange genug legal hier gelebt hat, ebenfalls. Das war keinesfalls Konsens.

Was bei den Konservativen aber auf ganz besonders wenig Gegenliebe stieß, war die geplante Tolerierung der doppelten Staatsbürgerschaft. Das Gesetzesvorhaben, das im Bundestag mit den Stimmen der rot-grünen Mehrheit angenommen wurde, sah vor, dass man seinen alten Pass nicht zurückgeben musste, wenn man den deutschen annehmen wollte. Diese Entscheidung beruhte auf einigen recht simplen Überlegungen: Viele Einwanderer sind zwar faktisch integriert, haben auch nicht die Absicht, wieder in ihre alte Heimat zurückzukehren, fühlen sich dieser aber emotional noch so verbunden, dass eine Rückgabe ihres alten Passes die Aufgabe eines Stücks ihrer eigenen Identität bedeuten würde.

Dazu kommen formale Hindernisse bei der Aufgabe des alten Passes. Ein Neudeutscher ohne türkischen Pass darf in der Türkei nicht begraben werden. Ein Neudeutscher ohne iranischen Pass darf im Iran keine Grundstücke besitzen. Einigen Staatsangehörigen ist die Rückgabe ihres Passes gar nicht möglich (wie in meinem Fall, Iran, oder aber auch in Syrien) oder mit enorm hohen Kosten verbunden (etwa im ehemaligen Jugoslawien). Besonders jüngeren Einwanderern schließlich bereitet die Aufgabe ihres alten Passes oftmals sehr große familiäre Schwierigkeiten. Wer in einem sehr konservativen Familienverbund eingeschlossen ist, aus dem er sich stückweise emanzipieren möchte, der wird mit einem Schritt wie der Aufgabe des alten Passes den schroffen Bruch mit seiner Familie riskieren. Gerade für junge Frauen ist dieser Schritt mit besonders hohen Hürden verbunden.

Die Konservativen, allen voran Hessens CDU, die sich im Landtagswahlkampf befand, waren empört und starteten eine umfassende politische Kampagne gegen den „Doppelpass". Ein Argument, das immer wieder angeführt wurde, war dies: Wer nicht bereit sei, seinen alten Pass aufzugeben, um Deutscher zu werden, der habe vermutlich mit seiner Vergangenheit nicht ganz abgeschlossen, fühle sich noch nicht voll und ganz seinem neuen Heimatland zugehörig, ja werde sich diesem gegenüber unter Umständen illoyal verhalten. „Du sollst keine Götter neben Deutschland haben", schien es aus diesen Mündern zu sprechen.

Dieselben Politprominenten, die bei Galaveranstaltungen stets Peter Ustinov seligen Angedenkens applaudierten, wenn er in zahlreichen Sprachen seinen Kosmopolitismus mit ebenso vielen Pässen inszenierte, schienen beim jugoslawischen Gastarbeiter größere Bedenken zu haben. Die öffentliche Meinung schien zu kippen, obwohl sie sich gar nicht so sicher darüber schien, was sie eigentlich selbst unter diesem Deutschsein verstand, das in den Augen vieler Menschen einen Anspruch auf so exklusive Loyalität hat.

Zweites Beispiel: Was wird ein international agierender deutscher Konzern tun, wenn er, sagen wir, in München eine talentierte junge Dame deutscher Staatsangehörigkeit mit chinesischen Wurzeln, Auslandserfahrung und Sprachkenntnissen in Kantonesisch, Deutsch, Englisch und, nehmen wir an, Spanisch einstellt? Er wird sie vielleicht zuerst in München ein wenig ausbilden und dann so rasch wie möglich nach China schicken. Das scheint ganz normal, denn wenn er mit chinesischen Partnern, und deren gibt es viele, Geschäfte machen will, wird es für ihn von außerordentlichem Vorteil sein, vor Ort Leute zu haben, die in seiner Heimat zu Hause sind, aber gleichzeitig Sprache und Gepflogenheiten seiner potenziellen Kunden beherrschen.

Was macht der diplomatische Dienst des Vereinigten Königreichs, wenn er einen jungen Briten pakistanischer Herkunft mit glänzendem Abschluss in Cambridge und Kenntnissen über die pakistanische Wirtschaftsgeschichte einstellt? Richtig, er wird ihn früher oder später einmal nach Islamabad schicken, weil er dort seine Kompetenzen und Fähigkeiten in der Vermittlung zwischen den beiden Kulturen einsetzen kann. Bereits im 19. Jahrhundert schickten die Briten die indischstämmigen Diplomaten systematisch in die britischen Vertretungen in Indien. Der Gedanke dahinter war klar: Sie kannten die Sprache und eventuell auch die Lebensumstände der Menschen vor Ort besser, konnten Brücken bauen und kultursensibel statt kolonialistisch agieren.

Was aber macht das Deutsche Auswärtige Amt mit einem jungen Georgier, der bei ihm den Dienst antritt? Es schickt ihn zum Beispiel nach Brasilien, später dann vielleicht einmal in die Schweiz und, wer weiß, vielleicht auch einmal nach Afrika. Eines aber ist ausgeschlossen: Dass der junge Herr, in Deutschland zu Hause, aber gleichzeitig mit georgischen Traditionen bestens vertraut, jemals in Tiflis eingesetzt wird. Denn der deutsche Staat scheint seinen Einwanderern zu misstrauen: Einmal Georgier, immer Georgier, einmal Türke, immer Türke und vermutlich ist die ganze Loyalität ohnehin vorgetäuscht.

Das zynische Moment an dieser Vergeudung interkultureller Kompetenz ist aber dieses: Interkulturelle Kompetenz wird besonders häufig von denjenigen gefordert, die gleichzeitig der Ansicht sind, Deutschland müsse ökonomischer wirtschaften, denn wenn Firmen so handelten wie der Staat, so lautet eine gern gebrauchte Plattitüde, dann wären sie schon längst pleite. Ganz besonders absurd wird es, wenn man bedenkt, dass es mittlerweile um zwei Generationen von Menschen geht, die in Deutschland geboren sind und sonst keine andere Heimat kennen. Deutschland frisst seine Kinder nicht, Deutschland erkennt sie nicht als seine Kinder an.

Und genau hier liegt auch einer der entscheidenen Unterschiede zwischen der deutschen Situation und zum Beispiel der in Frankreich. Wer sich noch an die gewalttätigen Auseinandersetzungen in den Banlieues in Paris oder anderswo erinnert, wird vom Stand der Integration in Frankreich vermutlich keinen besonders positiven Eindruck haben: Die teilweise bunkerartigen Sozialsiedlungen am Rande der Großstädte, die oftmals sehr deutlichen Diskriminierungen der Polizei gegenüber maghrebinisch aussehenden Jugendlichen, die Äußerungen eines Nicolas Sarkozy, einige Problemsiedlungen müssten einmal gründlich „ausgekärchert" werden, sind in der Tat Ausdruck massiver Probleme bei den Integrationsprozessen in unserem Nachbarland. „Französische Verhältnisse" sind im Leitkultur-Diskurs genauso ein Schreckensbild wie „amerikanische Verhältnisse" bei Ver.di.

Aber ein Motiv unterliegt vielen diesen Ausschreitungen: Junge Leute fühlen sich berechtigterweise von einem Staat verraten, dem sie sich zugehörig fühl(t)en und der ihnen einmal Versprechen von „Liberté, Egalité, Fraternité" gemacht hatte (und dies auch weiter tut). Und sie verleihen diesem Unbehagen nicht nur mit Gewalt Ausdruck. Dem Slogan „Blanc, Noir, Beur" (weiß, schwarz, arabisch, in Anlehnung an die „Bleu, Blanc, Rouge"-Tricolore der französischen Flagge) folgend treten sie als Musiker, Schauspieler oder Aktivisten auf, zum Beispiel anlässlich der Veröffentlichung des Films „Indigènes", der die entscheidende Rolle der maghrebinischen Soldaten in der französischen Armee bei der Befreiung Frankreichs im Zweiten Weltkrieg aufarbeitet.

Jamel Debbouze, ein populärer Schauspieler und Comedian, der aus ärmlichen Verhältnissen der Pariser Vororte stammt, ging zusammen mit seinen Kollegen auf eine große Tour durch Frankreich. Sie sangen gemeinsam das alte Kämpferlied der nordafrikanischen Soldaten und forderten den Staat gleichzeitig auf, den noch lebenden Veteranen endlich ihre verdienten Pensionen auszuzahlen. Dieser Groll gegen jahrzehntelange Diskriminierung der maghrebinischen Soldaten hindert Debbouze, der Französisch und Arabisch spricht, jedoch nicht daran, sich auf dem Titelbild des „Nouvel Observateur", in etwa dem deutschen „Spiegel" vergleichbar, vor den französischen Nationalfarben mit dem Titel „Pourquoi j'aime la France" (Warum ich Frankreich liebe) abbilden zu lassen.

Jacques Chirac hat sich gerade in den Zeiten der Krawalle nicht gescheut, die jungen Franzosen mit arabischem Hintergrund als „die Kinder Frankreichs" zu bezeichnen. Angela Merkel hört in dieser Frage eher auf Khalil Gibrans bekannten Satz: „Eure Kinder sind nicht eure Kinder."

In Frankreich wird den Migranten und ihren Kindern suggeriert, sie seien gleichberechtigter Teil der Gesellschaft. Alles andere wäre auch mit dem Gründungsethos der Republik durch die Gleichstellung der Citoyens nicht vereinbar. Nur sehen Chiracs Kinder der Republik ihre Alltagsrealität in den Ghettos, ihre Armut, ihre Auseinandersetzungen mit einer partiell rassistischen Polizei und fragen sich, wo ihr ihnen versprochener Anteil denn bleibt. Dies schafft Wut, in so mancher Banlieue führt das zu Gewalt. Es ist nicht verwunderlich, sondern logisch, dass es dieselben Jugendlichen sind, die im Juli 1998 nach der gewonnen Fußball-WM die Tricolore über die Champs-Elysées getragen haben. Sie können fast alle Französisch – und keine andere Sprache sonst.

So kann es schließlich dazu kommen, dass der Sänger „Sniper" in einem Videoclip über die Wut in den Vorstädten eine Rapper-Gang ein gut beflaggtes französisches Rathaus anzünden lassen kann, um die Musiker dann hinterher mit Wählerkarten in der Hand zu filmen und zur Beteiligung an der Präsidentenwahl aufzufordern.

Ein ähnliches Phänomen ist im englischen Bradford zu beobachten. Bradford war die erste europäische Stadt, in der es „Racial Riots" – ethnisch motivierte Ausschreitungen – gab. Was man bis dahin nur aus Los Angeles kannte, war 1997 in Großbritannien ausgebrochen. Asiatisch-britische Jugendliche lieferten sich über Wochen regelrechte Straßenschlachten mit der Polizei.

Gleichzeitig gibt es valide Erhebungen bei genau diesen jugendlichen zur Frage: „Are you British?" Das auf den ersten Blick verblüffende Ergebnis ist eine überdurchschnittlich hohe Identifikation mit dem Königreich. Der Bradforder Steinewerfer mit pakistanischen Eltern fühlt sich britischer als der Sohn des Dauerkartenbesitzers in dritter Generation vom FC Arsenal. Die Gründe für die Ausschreitungen waren ein als diskriminierend empfundenes Verhalten der Polizei den jungen Menschen gegenüber sowie soziale Perspektivlosigkeit. Das lässt sich über die Krawallmacher in Bradford sagen wie über die Attentäter von 11. März 2005 in London.

Beim zweiten – deutschen – Modell würgt man die Ansprüche auf gleiche soziale Chancen mit dem Hinweis auf den „Gaststatus" der Einwanderer ab. Wenn ich Gast bin, muss ich mich benehmen und bin kein Teil des Hauses. Dieses Modell führt aber nicht zur Integration. Wenn ich einem relevanten Teil der Gesellschaft immer wieder sage, dass er nicht dazugehört, brauche ich mich nicht zu wundern, wenn er eines Tages nicht mehr dazugehören will.

Man könnte also vielleicht sagen: Frankreich ist schon viel weiter auf der Straße der Integration, hat aber einen Motorschaden. Wir in Deutschland haben dagegen eher kleinere Pannen, stehen aber noch ziemlich am Anfang der Straße.

Kleine Pannen wie einen platten Reifen kann man vergleichsweise gut beheben, wenn man weiß, wie.

Ich bin Patriot, Verfassungspatriot

Worum geht es eigentlich bei den merkwürdigen Diskussionen um Loyalitäten letzten Endes? Ich glaube, es geht um das verzweifelte Festklammern an einer stets unscharf bleibenden deutschen Identität, die durch Neuankömmlinge in Gefahr sein könnte, durch Zuflüsse von außen verwässert, durch illoyale Eindringlinge sabotiert werden könnte.

Ich will damit nicht sagen, dass eine Diskussion über eine deutsche Identität verfehlt oder dass es unsinnig sei, sich der geschichtlichen Rolle(n) Deutschlands bewusst zu werden – ganz im Gegenteil. Nur hat das alles in der Debatte um die Immigration nichts zu suchen. Hier muss eine alles entscheidende Maxime gelten: Das deutsche Recht, über die Jahrhunderte aus juristischer und philosophischer Reflexion und schließlich mit der entscheidenden Erfahrung des Hitlerregimes entstanden, muss das Fundament sein, auf dem die Mehrheit und neu hinzukommende Minderheiten zusammenfinden. Die Grundlage unserer Gesellschaft ist die Verfassung. Sie ist die Grundlage für ein Gemeinschaftsgefühl all derer, die in Deutschland leben. Nennen wir dieses Gefühl Patriotismus.

Ein Patriotismus, der auf dem Grundgesetz fußt, definiert sich so als dem Erbe verpflichtet. Das ist ganz im Sinne der römischen Wurzeln dieses Begriffes, der aus dem patriarchalischen, stets ganz dem Erbe der Väter als biologischem wie politischem Ursprung verpflichteten, rechts- und staatsphilosophischen Konzept entspringt. Wenn wir uns dem Erbe unserer Verfassungsväter und -mütter verpflichtet fühlen und dieses Erbe als Grundlage für die Integration nehmen wollen, dann müssen wir eine entscheidende historische Erfahrung einbeziehen: den Holocaust.

Diese Katastrophe von europäischer Dimension, aber von diesem Land ausgeführt und verantwortet, ist in vielerlei Hinsicht die entscheidende moralische Prägung des Rechtssystems und darüber hinaus der wichtigste Antrieb für das politische Handeln der Bundesrepublik Deutschland nach 1945. Der Umgang mit dem Holocaust stand dabei anfangs unter der Last der „Schuld der Väter". Ein negativer Patriotismus, wenn man so will. Aber in gewisser Weise auch ein biologischer. Denn fast alle Bürger dieses Landes waren auf die eine oder andere Weise mit den Schreckenstaten verbunden, sei es, dass sie selbst zu der Zeit in Deutschland gelebt hatten, sei es, dass sie nach der Rolle ihrer Eltern oder nach der ihrer Großeltern fragten.

Wenn nun heute die letzten Zeitzeugen aussterben, wenn Originalschauplätze durch den Lauf der Zeit immer mehr Museumscharakter bekommen, wenn kaum jemand mehr befragt werden kann und wenn schließlich ein bedeutsamer Teil der jungen Generation überhaupt keine direkte Verbindung mehr zu der Generation der Täterinnen und Täter hat, dann wird es Zeit, eine neue Form des Umgangs mit der Geschichte zu suchen. Das ist geboten, wenn man nicht die Beziehung zur Gründungserfahrung desjenigen Rechtssystems verlieren will, das die Basis für den Verfassungspatriotismus bilden soll.

Unsere multikulturelle Realität verkompliziert die Situation noch zusätzlich. Der demografische Wandel wird dazu führen, dass nicht nur die verstrichene Zeit junge Generationen von den Täter-Urgroßeltern trennt, sondern auch der Blick in den Stammbaum. Es leben Millionen Menschen in diesem Land, deren Eltern oder Großeltern zwischen 1933 und 1945 nicht einmal in Europa waren, geschweige denn in Deutschland. Zudem kommt häufig ein Blick in die Weltpolitik als Balast hinzu.

Da kommt der 17-jährige Sohn eines Einwanderers jordanischer Herkunft nach Hause und sieht seinen Vater mit Schaum vor dem Mund vor dem Fernseher sitzen. Dieser zeigt mit dem Finger auf die Tagesschau-Bilder aus Nahost und sagt zu seinem Sohn: „Schau, was die Juden mit unseren Brüdern machen."

Das bedeutet nicht, dass der Antisemitismus in Einwandererfamilien häufiger vorkommt als beim Rest der Gesellschaft. Es bedeutet aber, dass die familiären Verbindungen mit dem Holocaust nicht vorhanden sind. Dies lässt sich nicht ändern. Trotzdem müssen wir weiter unverrückbar an den Lehren aus Auschwitz festhalten, denn: Das moralische Fundament der Bundesrepublik Deutschland ist und bleibt der Holocaust. Vor dem Hintergrund der beschriebenen Schwierigkeiten gibt es nun zwei Möglichkeiten. Die eine ist die Suche nach alternativen Fundamenten. Diese Möglichkeit aber öffnet Revisionisten und Rattenfängern Tür und Tor.

Bleibt die zweite Möglichkeit. Und das ist die Anpassung der so genannten „Holocaust Education" an die neuen Umstände. „Holocaust Education" hat das Ziel, die neue Generation mit ihren so breit gestreuten Wurzeln für das Erbe des Holocaust zu sensibilisieren, mithin auf dem Boden der so gewonnenen moralischen Grundlage ein neues Wir-Gefühl einzurichten. Um dies zu erreichen, brauchen wir neue Konzepte für den Umgang mit Erinnerung. Eine Pionierin dieser Arbeit ist Viola B. Georgi mit ihrem Buch „Entliehene Erinnerung – Geschichtsbilder junger Migranten in Deutschland".

Die Verbreitung der „Holocaust Education" bringt konzeptionelle Probleme mit sich. Auschwitz ist einzigartig, die Juden als Opfer-, die Deutschen als Tätergruppe unaustauschbar. Trotzdem müssen wir im Rahmen dieser Einzigartigkeit die Möglichkeit der Vergleichbarkeit erreichen, denn sonst können wir die Lehre aus dem, was Menschen Menschen angetan haben, nicht vermitteln. Diese Vergleichbarkeit im Rahmen der Einzigartigkeit ist ein Balanceakt, deren genaue Form noch erkundet werden muss. Und genau im Sinne dieser Balance ist es so fatal, dass türkische Verbände in Deutschland aufgeregt protestieren, wenn der Bundestag über den Genozid an den Armeniern im ausgehenden Osmanischen Reich diskutiert.

Ein Hinweis darauf, dass Menschen, die in diesem Land leben wollen, die Geschichte Deutschlands kennen müssen, reicht nicht aus. Sonst könnte man täglich den hessischen Einbürgerungstest durchgehen, um die Resistenz von Einwandererkindern gegen Antisemitismus zu überprüfen. Zu wissen, was Caspar David Friedrich auf Rügen gemalt hat, ist aber nun mal nicht wichtig, um sich in diesem Land zurechtzufinden. Und auch nicht, um sich zu diesem Land zugehörig zu fühlen.

Das deutsche Grundgesetz ist die Ansammlung der rechtlich abstrahierten Lehren aus der Shoah. Schon deshalb bin ich Verfassungspatriot. Zu einem lebendigen Republikanismus, der die Gesellschaft zusammenhält, gelangen wir aber durch die Verfassung als Rahmen für unser Leben und mit den emotional greifbaren Lehren des Holocaust.

Aufstand der Zuständigen

> *Doch die hören sich an wie der zynische*
> *Schwachsinn von Teufeln, die gern gut*
> *wären, aber zu schwach sind.*
> (Tone)

Wir haben gesehen, wo Handlungsbedarf besteht in der Integrationspolitik. Sprechen wir nun von denjenigen, die an den Schaltstellen sitzen, den Zuständigen. Derer gibt es zahlreiche. Viele von ihnen handeln schon, bei vielen gibt es noch Spielraum. Wenn es stimmt, dass es mit den kleinen Revolutionen hierzulande eher klappt als mit den großen, dann gibt es auch hier Hoffnung. Denn wenn viele Zuständige in ihren Tätigkeitsfeldern Dinge verändern, kommt das einer Reihe kleiner Revolutionen gleich, die zusammengenommen ganz gehörig etwas verändern können.

Vom An- und Abwerben

Dass Zuständige den Aufstand gegen die Stände proben sollen, ist mehr als nur ein Wortspiel. Denn die alten deutschen Stände- und Zünfteordnungen gelten an vielen Stellen weiter und verhindern die Integration von Migranten in den Arbeitsmarkt, wie wir gleich sehen werden. Wir hatten festgestellt, dass die Wirtschaft das wichtigste Spielfeld der Integration ist. Und hier liegen auch einige der größten Defizite.

Einige wesentliche Dinge haben sich in den letzten Jahren geändert. Trotz aller berechtigter Kritik am Allparteienkompromiss namens Zuwanderungsgesetz hat dieses erste Veränderungen in eine altbackene, völlig überholte und ungeregelte Einwanderungspolitik gebracht.

Noch immer aber steht der deutsche Arbeitsmarkt unter der Herrschaft einer Regelung, die eine der anmutigsten Wortschöpfungen der deutschen Beamtensprache zum Namen hat: die Anwerbestoppausnahmeverordnung. So etwas kann nur die deutsche Sprache, und so war die englische Übersetzung, die mir eine Freundin anbot, damit ich einer Gruppe amerikanischer Besucher das deutsche Ausländerrecht erklären konnte, nichts als eine blasse Kopie: „No-Aliens-Hiring-Waiver-Regulation". Wer sich mit diesem Wort näher befasst, wird feststellen, dass es eigentlich einen Widerspruch in sich darstellt. Der Schwanz des Wortes, die Ausnahme, beißt dem Stopp den Kopf ab, könnte man in Umkehrung einer beliebten Redensart sagen.

Der Hintergrund dieser Regelung liegt wie so häufig in der Geschichte der Zuwanderung nach Deutschland, in der Zeit der Gastarbeiteranwerbung. Als man nach dem Ende des Nachkriegswirtschaftswunders keine Arbeitskräfte mehr brauchte, ordnete man das Ende der Anwerbung an. Das klingt zunächst einmal ganz logisch. Da man aber recht bald sah, dass einige Branchen weiterhin allein mit Einheimischen ihren Bedarf an Arbeitskräften nicht würden abdecken können, wurden dem Stopp Ausnahmen hinzugefügt. Diese vermehrten sich im Sinne der Rationalität immer weiter.

Das neue Zuwanderungsgesetz hat neue, kleine Breschen in die Mauer geschlagen. So ist es jetzt zum Beispiel ausländischen Studenten möglich, während ihres Studiums 90 ganze oder 180 halbe Tage im Jahr hier zu arbeiten. Haben sie einmal ihren Hochschulabschluss erworben, können sie auch eine Erlaubnis zur Aufnahme einer regulären Beschäftigung bekommen. Auch für nachgezogene Familienangehörige hat sich einiges gebessert. So können Ehepartner von Deutschen oder von Ausländern mit gesichertem Aufenthaltsstatus jede selbständige oder abhängige Beschäftigung ausüben, auch wenn ihr Aufenthaltstitel vorerst nur zeitlich begrenzt ist.

Der Anwerbestopp im Allgemeinen aber gilt weiterhin. Und so ist es für neue Migranten nach wie vor schwierig, die Erlaubnis für eine Beschäftigungsaufnahme zu bekommen. Bei ihnen gilt in jedem Falle das Prinzip der Nachrangigkeit. Das bedeutet, dass geprüft werden muss, ob
- ein deutscher Staatsbürger
- und gleichrangig: ein EU-Bürger oder
- ein Ausländer mit gesichertem Aufenthaltstitel

die ausgeschriebene Arbeit nicht ebenso gut machen könnte. Bei einigen Jobs kann man sich ein solches Verfahren vorstellen, bei anderen führt diese Vorrangigkeitsprüfung zu hochgradig absurden Situationen. Da kommt es vor, dass ein potenzieller Arbeitnehmer mit genau den gewünschten Qualifikationen auf einen willigen Arbeitgeber trifft, die Chemie stimmt, der Kandidat aber partout nicht eingestellt werden kann, bevor nicht geprüft wird, ob nicht ein Deutscher eventuell, unter bestimmten Umständen ... – die Frustration, die solche Konstellationen für beide Seiten mit sich bringen können, braucht hier vermutlich nicht näher erläutert zu werden.

Exkurs: Die Geduldeten

Bei kaum einer Gruppe kommt das so deutlich zum Tragen wie bei den Geduldeten. Um deren Lage zu verstehen, müssen wir uns zuerst eine Frage stellen: Wie kann man überhaupt dauerhaft nach Deutschland einreisen, wenn man nicht Bürger eines EU-Staates ist? Jahrelang gab es dafür im Wesentlichen drei Wege. Der erste führte über den Arbeitsmarkt: Konnte klar dargelegt werden, dass ein Arbeitnehmer aus dem Ausland für eine bestimmte Stelle unverzichtbar war, so konnte er eine Arbeits- und Aufenthaltsbewilligung bekommen. Der zweite ging über den Zuzug von Familienangehörigen, vor allem von Ehepartnern, in einigen Fällen auch von anderen Angehörigen. Der dritte und schwierigste Weg lief über die Anerkennung als Flüchtling oder Asylant. Durch das Zuwanderungsgesetz haben sich diese Regeln geringfügig verändert – bestehen aber im Wesentlichen nach wie vor.

Die Praxis bei dieser letzten Gruppe war und ist aber weiterhin deutlich komplizierter, als man es auf den ersten Blick vielleicht vermutet. Es gibt nicht nur ein klares Ja – also die Anerkennung als Asylant oder Flüchtling – oder ein klares Nein zum Aufenthalt in Deutschland, sondern viele Zwischenstufen.

Vielleicht lohnt ein Blick auf den Ursprung des Asylrechts, um eine Idee von der Vielfalt seiner Bedeutungen zu bekommen. Der Begriff Asyl stammt aus der Antike, aus dem Altgriechischen: *asylos* bedeutet „unantastbar, unverletzt, unberaubt, sicher"; dies vor dem Hintergrund einer Stadtstaatenordnung, in der die verschiedenen Rechtssysteme immer an eine Stadt und deren Bürger geknüpft waren. Außerhalb der Stadt waren Fremde zuerst einmal rechtlos – anders gesagt, Bürger war man nur in seiner Heimatstadt. Wer nun gezwungen war, seine Heimatstadt zu verlassen – ganz unabhängig davon, ob er das selbst zu verschulden hatte oder nicht –, konnte an bestimmten Orten Asyl erhalten. Dazu genügte es, sich an diesen Ort zu retten.

So waren zum Beispiel fast alle Tempel in der Antike Orte des Asyls. Das Asyl hatte also zum einen eine religiöse Komponente. Auf der anderen Seite wurde es aber auch strategisch eingesetzt. So künden übereinstimmend alle Sagen über die Gründung Roms von einem Asyl, das die befestigte Stadt ergänzte. Rom, so die Sage, brauchte bei seiner Gründung neue Bürger und Soldaten und lockte so allerhand Vagabunden mit dem Versprechen auf eine Übernahme in den Bürgerstatus an. Da in der frühen Antike der Begriff von Heimat sehr eng mit der Erde, dem Land verbunden war, von dem die Familie stammte und wo die Vorfahren begraben waren, musste beim Übergang vom Asyl in die neue Heimatstadt dieser Bezug neu hergestellt werden. In der römischen Geschichte des Livius finden wir deshalb eine für unser heutiges Verständnis befremdliche Wendung. Die Städtegründer hätten das Asyl eingeräumt, um dann vorzugeben, „ihnen sei aus der Erde Nachwuchs entstanden". Asylanten, so könnte man sagen, wurden also durch ihre spätere Aufnahme in die Stadt quasi neu geschaffen.

Unser heutiges Asylrecht wurzelt sehr stark in den Erfahrungen aus der Zeit des Nationalsozialismus, bei denen tausende politisch verfolgte Deutsche im Ausland Schutz fanden. Das Asylrecht stammt aber auch aus der religiösen Tradition. Das Asylrecht der antiken Tempel ging nämlich mit der Übernahme des Christentums zur Staatsreligion im späten römischen Reich auf die Kirchen über. Das ist der Ursprung des Kirchenasyls, das auch heute noch gilt.

Und leider muss von dieser Regelung auch heute, mehr als 2700 Jahre nach der sagenhaften Gründung Roms, noch immer wieder Gebrauch gemacht werden, will man vermeiden, dass Menschen in eine unsichere Zukunft in ihre Herkunftsländer zurückgeschickt werden. Das ist nebenbei gesagt auch bei anerkannten Asylanten der Fall: Auch Jahre, gar Jahrzehnte nach ihrer Ankunft in Deutschland kann ihnen, sofern sie nicht eingebürgert werden, ihre Anerkennung entzogen werden: Hier könnte man von der Konsequenz des antiken Asyls noch etwas lernen.

Was aber hat das mit Integration zu tun? Sehr viel. Denn das Problem ist genau die oben angedeutete mangelnde Entscheidungsfreudigkeit zwischen einem Ja und einem Nein – tausende von Menschen in diesem Land leben mit einer ungesicherten Aufenthaltsperspektive, müssen jederzeit damit rechnen, ausgewiesen zu werden.

Im Falle eines Neins ist die Situation klarer: Es stimmt, dass es Menschen gibt, die zum Beispiel einzig mit dem Ziel nach Deutschland kommen, hier illegalen Geschäften nachzugehen. Gibt jemand in einem solchen Fall eine Verfolgung vor, so ist sein Gesuch abzulehnen,

Straftaten sind zu ahnden. Wobei hier die Frage erlaubt sein muss, ob ein abgeschobener Terrorist, der auf freiem Fuß in Nordpakistan lebt, für Deutschland ein geringeres Sicherheitsrisiko darstellt, als wenn er in einer deutschen Justizvollzugsanstalt untergebracht ist. Aus berechtigten Gründen (im Zusammenhang mit der europäischen Außengrenzkontrolle werde ich später noch einmal darauf zurückkommen) gehe ich aber davon aus, dass der Anteil derer, die aus kriminellen Beweggründen einen Asylantrag stellen, nur sehr gering ist. Kaum jemand wird sein Leben bei einer Flucht aus seiner Heimat riskieren im Tausch gegen eine ungewisse Perspektive im Zielland, ohne dafür wirklich existenzielle Gründe zu haben.

Im Falle eines Jas oder besser: eines Jeins zum Ersuchen nach Asyl wird die Sache deutlich schwieriger. Denn nur einem Bruchteil aller Menschen, die nach Deutschland fliehen, wird tatsächlich das Recht auf Asyl zuerkannt. Die Anerkennungsquote liegt hier bei etwa einem Prozent, von den offiziell 1,1 Millionen Flüchtlingen, die Ende 2003 in Deutschland lebten, waren es 10 Prozent, weitere gut 10 Prozent von ihnen waren Asylbewerber, deren Verfahren noch andauerte.

Doch Vorsicht: Sie sind Afghane? Sie wollen in Deutschland einen Asylantrag stellen? Sie haben gute Gründe? Der deutsche Staat erkennt sie alle an? Sehr gut! Nur müssen Sie aufpassen. Es kann nämlich passieren, dass Sie als anerkannter Asylbewerber mit Ihrer Familie 35 Jahre in Deutschland leben, bevor der Staat der Meinung ist, dass Sie aufgrund veränderter Umstände in Ihrer alten Heimat wieder zurückfahren müssen. Versuchen Sie mal, das Ihren Kindern zu erklären: Der Staat will aus Sicherheitsgründen seine ausgebildeten und bewaffneten Soldaten nicht in weite Teile des Landes schicken. Aber aufgrund der gebesserten Umstände müssen Sie, der 35 Jahre lang alles getan hat, um in Deutschland integriert zu sein, wieder zurück. Diese Regelung nennt sich im deutschen Gesetzeswerk „Widerrufsverfahren" und hat nichts mit Galileo Galilei vor einem religiösen Gericht zutun.

Die zweite Möglichkeit besteht in einer Anerkennung als Flüchtling. Durch das Zuwanderungsgesetz wurden hier die Möglichkeiten verbessert. Das internationale Recht der Genfer Flüchtlingskonvention wurde ins deutsche Recht übernommen. So ist für die Anerkennung als Asylbewerber nicht mehr wichtig, von wem man politisch verfolgt wurde. Vorher musste der Verfolger der Staat sein. Nach dem Völkerrecht hat der Staat ein Territorium, eine Bevölkerung und eine Regierung. Wenn er keine Regierung mehr hat, wie im Falle zerfallener Staaten wie beispielsweise Somalia Anfang der 90er Jahre, dann liegt kein Staat vor. Das führte zu der absurden Situation, dass dann Menschen aus Somalia keinen Schutz in Deutschland genossen.

Noch absurder war es, wenn Deutschland die Regierung des jeweiligen Landes nicht anerkannte wie beispielsweise die Taliban in Afghanistan. Man lehnte hier ein barbarisches Regime als legitime Regierung eines Landes ab, und lehnte genau deshalb dann die Asylbewerber aus diesem Land ab, weil sie ja nicht staatlich verfolgt waren, wo doch völkerrechtlich gar kein Staat existierte. Auch die Verfolgung aufgrund des Geschlechts wurde ins Gesetz aufgenommen. Dies geschah vor dem

Hintergrund der traumatischen Erfahrungen mit den systematischen Massenvergewaltigungen im Bosnienkrieg, aber auch angesichts einer Vielzahl von Frauen, die wegen drohender oder bereits vollzogener Genitalverstümmelung um Schutz baten.

Wird der Asylantrag abgelehnt, so wird eigentlich eine Abschiebung eingeleitet. Stellt man aber fest, dass ein Abschiebungshindernis vorliegt, dass also zum Beispiel das Leben des Menschen bei einer Rückkehr in seine alte Heimat in Gefahr wäre, kann eine Duldung ausgesprochen werden. Diese Duldung stellt keinen Aufenthaltstitel dar – sie ist in gewisser Weise ein Widerspruch in sich: Man verbietet einem Menschen den Aufenthalt in Deutschland, weil man aber weiß, dass die Konsequenzen daraus sein Leben gefährden, duldet man seinen Aufenthalt, bis dieses Hindernis ausgeräumt ist.

Im Jahr 2006 lebten etwa 200 000 Menschen auf der Grundlage dieser Regelung in Deutschland. Wobei das Wort Leben hier oft einen rein biologischen Charakter hat, denn sie haben nur wenige Rechte. Sie müssen sich in einem eng umgrenzten Gebiet aufhalten, dürfen nur in seltenen Fällen eine Arbeit aufnehmen und sind, wie gesagt, stets von der Abschiebung bedroht. Sie können sich also kein wirkliches Leben einrichten – und trotzdem tun es viele von ihnen, obwohl ihnen eigentlich jegliche Integrationsperspektive genommen wird.

Geschichten darüber gibt es zu Tausenden. Die Integrationsleistung, die viele dieser Menschen *gegen* den Willen des deutschen Staates vollbringen, lässt erkennen, dass die meisten Generalisierungen über *die* Ausländer als Schmarotzer, die mit Deutschland nichts zu tun haben wollen, nichts weiter als billige Stimmungsmache sind. Wenn in solchen Fällen die Abschiebung droht, dann schließen sich nicht selten ganze Gemeinden und Stadtviertel zusammen, um zu protestieren. Und in erschreckend vielen dieser Fälle wird dieser Protest nicht berücksichtigt.

Von einem solchen Fall aus Berlin berichtet die Badische Zeitung am 26. April 2006. Familie Aydin lebt seit 17 Jahren in Deutschland, die meisten ihrer Kinder sind hier geboren. Der Vater wurde in der Türkei wegen seines Engagements für die Unabhängigkeit Kurdistans verfolgt und suchte Schutz in Deutschland. Das Problem in seinem langwierigen Asylverfahren: Er kann nicht nachweisen, dass er für kurdische Organisationen tätig war, während der Petitionsausschuss des Berliner Abgeordnetenhauses, der eine Aussetzung der Abschiebung hätte erwirken können, ihm genau das Engagement für die extremistische PKK, die auch hierzulande verboten ist, vorwirft. Muss Herr Aydin in die Türkei zurückkehren, dann ist davon auszugehen, dass der Türkische Staatsschutz ihn auch aufgrund der Angaben aus dem öffentlichen Verfahren des Petitionsausschusses verfolgen wird.

Während hunderte Unterschriften aus der Schule bezeugen, dass es hier um eine Familie geht, die vermutlich engagierter ist als viele Deutsche, scheint es unausweichlich, dass der Familienverbund zerrissen wird – die Eltern und ein Teil der Kinder müssen zurück in die Türkei, während diejenigen Kinder, die ein eigenständiges Bleiberecht haben, bzw. noch ihre Ausbildung beenden müssen, hierbleiben können – bei Pflegefamilien.

Familie Aydin ist ein Beispiel eines beherzten Jeins der

Zuständigen. Noch extremer sieht die Sache bei den so genannten Kettenduldungen aus. Eine Duldung ist, wie gesagt, eine recht widersprüchliche Form des Nicht-Aufenthalts in diesem Land. Nun gibt es Menschen, bei denen diese Duldung bereits mehr als fünf Jahre andauert, das heißt immer wieder erneuert und so faktisch in eine Kettenduldung überführt wurde. Das war bei schätzungsweise 120 000 der genannten 200 000 Geduldeten der Fall. Es sind dies Menschen, bei denen man regelmäßig feststellt, dass sie nicht ihn ihre alte Heimat zurückgehen können, ohne dass ihnen Gefahr für ihre körperliche Unversehrtheit droht, und gleichzeitig entschließt man sich nicht, sie angesichts dieser lange anhaltenden Lage endlich mit einem Ja einzuladen, in Deutschland zu bleiben – und es ihnen zumindest ermöglicht, unter halbwegs planbaren Umständen hier ein Leben zu führen. Das heißt ja nicht, dass diese Menschen unter Umständen nicht auch wieder eines Tages in ihre Heimat zurückkehren.

Dabei hatte das Zuwanderungsgesetz versucht, die Praxis der Kettenduldung einzuschränken: Den Behörden wurde die Möglichkeit gegeben, nach 18 Monaten der Duldung eine Aufenthaltserlaubnis zu erteilen. Das Problem dabei war: Das Gesetz wurde durch die Mühlen des deutschen Föderalismus, das heißt durch die Blockade der konservativ regierten Bundesländer im Bundesrat, so zermahlen, dass nur eine sehr inkonsistente Kann-Regelung herauskam.

Da die Ausländerbehörden den Weisungen der Länder unterliegen, wurden die Regelungen nach dem politischen Gutdünken der jeweiligen Regierungen ausgelegt, mit dem Ergebnis, dass die meisten Ausländerbehörden von der neuen Möglichkeit keinen Gebrauch machten. Eigentlich eine absurde Praxis, die Zuständigkeiten aufhebt – der Bundestag ist für die Ausländergesetzgebung zuständig, die aber von den Ausführenden, den Ländern, so flexibel ausgelegt werden kann, dass von den ursprünglichen Intentionen wenig übrigbleibt.

Geduldete haben nur einen sehr nachrangigen Zugang zum Arbeitsmarkt. Dieser Zugang obliegt der Entscheidung der Ausländerbehörde – ein Ermessensspielraum. Das heißt: Sie liegen dem Staat auf der Tasche, ohne dass sie das so wollten. Nur ein Bruchteil von ihnen bekommt am Ende die Möglichkeit, selbst für ihren Lebensunterhalt zu sorgen. Dass sie dies in den meisten Fällen aber tun wollen, dass viele von ihnen für ihre Arbeitgeber schnell zu unverzichtbaren Mitarbeitern werden, wenn man sie denn einmal hat machen lassen, davon zeugen zahllose Beispiele.

Diese Erfahrung und die Erkenntnis, dass die Behörden auf Weisung der Länder ihren Ermessensspielraum meist nicht zu Gunsten der Betroffenen ausgelegt haben, führte die Bundesregierung der Großen Koalition im Herbst 2006 zu einer erneuten Initiative mit dem Ziel einer Neuregelung der Bleiberechtspraxis. Das erste Ergebnis wurde damals in den Medien gefeiert: Wer Kinder hat, seit mindestens sechs Jahren in Deutschland lebt und eine Arbeit hat, könne nun eine Aufenthaltserlaubnis bekommen, hieß es. Doch der Prozess der Verhandlungen zwischen den Innenministern von Bund und Ländern blieb stecken.

Einen Haken hat die Sache in jedem Falle: Nur die rund zehn Prozent der Geduldeten, die trotz Nachrangigkeit einen Zugang zum Arbeitsmarkt erringen konnten, dürfen bleiben – für die anderen hat sich die Situation nur unwesentlich geändert.

Wir haben zudem im zweiten Kapitel gesehen, welche Bedeutung marginalisierten Gruppen von Einwanderern zukommen kann. Das Gefühl von Ablehnung und Ausgrenzung manifestiert sich genau in solchen Situationen. Ob die Regelung nun gesamtgesellschaftlich als fair eingeschätzt werden kann oder nicht, spielt keine Rolle mehr, wenn die Lage subjektiv als ungerecht empfunden wird. Und es ist genau diese subjektive Ungerechtigkeit, die das Gefühl des Ausgeschlossenseins produziert.

Deshalb muss grundsätzlich die Regel gelten: Wer, aufgrund welcher Duldungsregelung auch immer, hier sein darf, der muss auch arbeiten können – die Integration auf dem Arbeitsmarkt kann nicht früh genug beginnen. Den Zuständigen vor Ort ist die Verantwortung zu übertragen, großzügig über die Rechtmäßigkeit solcher Arbeitsverhältnisse zu entscheiden.

"Neger, Neger, Schornsteinfeger"?

Ein genauso großes Problem wie dieser Anwerbestopp und das Nachrangigkeitsprinzip stellen aber die Reste der Zünfte- oder Ständeordnungen dar. Sie manifestieren sich in besonders diskriminierenden Regelungen für die Berufsausübung und für die gegenseitige Anerkennung von Titel und Abschlüssen.

Dass man Deutscher sein muss, um als Diplomat

Deutschland in Südafrika zu vertreten, ist einsichtig. (Das italienische Staatsangehörigkeitsrecht hat in diesem Kontext eine interessante Regelung vorzuweisen: Ausländer, die einige Jahre als Angestellte in einer italienischen Botschaft gearbeitet haben, können die italienische Staatsbürgerschaft erhalten, auch wenn sie nie in Italien gelebt haben. Vom Repräsentieren des Staates, und sei es nur an der Botschaftspforte, scheint also eine besondere „Italianisierungswirkung" auszugehen.) Dass die gleiche Voraussetzung gilt, um Soldat sein zu können, ebenfalls. Dass aber auch, wer Bezirksschornsteinfegermeister werden will, einen deutschen Pass braucht, erscheint lächerlich.

Nicht mehr nur lächerlich wird es bei der Frage der Apothekerschaft: Denn wer in Deutschland eine Apotheke besitzen will, muss Deutscher sein. Nichtdeutsche, so scheint der Gedanke des Gesetzgebers zu sein, werden zu einer Gefahr für die deutsche Bevölkerung, wenn man ihnen das Recht eingesteht, Medikamente zu verkaufen. Zum Glück scheinen nicht alle Deutschen so zu denken wie ihre Gesetzgeber, denn sonst wäre der Erfolg ausländischer Gastronomen, die einem im Zweifelsfall ja auch gehörige Gesundheitsschäden zufügen könnten, nur sehr schwierig zu erklären.

Ähnlich verhält es sich auch bei akademischen Titeln. Viele gut qualifizierte Menschen, die auf dem Arbeitsmarkt sogar oft dringend gebraucht werden, können ihre erlernte Tätigkeit nicht ausüben, weil ihre Abschlüsse nicht anerkannt werden. Klappt diese Anerkennung bei den EU-Staaten recht gut, so gibt es bei allen anderen Ländern große Probleme.

Für viele Staaten wäre es notwendig, in bilateralen Abkommen die Anerkennung von Titeln zu regeln. Für Menschen aus Ländern, mit denen solche Regelungen nicht möglich sind, müssen entsprechende Schulungsangebote gemacht werden. Hier fehlt es oft noch an entsprechenden Angeboten oder an materieller Förderung für die Teilnahme. Die Zahlen der jüdischen Zuwanderer, eigentlich die einzige Zuwanderergruppe, die im Rahmen eines ordentlichen Einwanderungsprogrammes nach Deutschland gekommen ist, sprechen hier eine deutliche Sprache. Laut dem Gutachten des Sachverständigenrates für Zuwanderung und Integration aus dem Jahre 2004 sind 80 Prozent der 35- bis 60-jährigen jüdischen Zuwanderer Akademiker. Von ihnen sind 60 bis 70 Prozent arbeitslos, „obwohl sie nach eigenen Angaben dringend nach Arbeit suchen", wie der Bericht präzisiert.

Gerade zum Thema Rassismus und Diskriminierung gibt es spätestens nach jedem gewaltsamen Anschlag rechtsextremer Gruppen eine Auseinandersetzung mit dem Motto: „Wir brauchen den Aufstand der Anständigen." Das stimmt. Aber wir brauchen viel mehr noch den „Aufstand der Zuständigen".

Doch vor dem Aufstand kommt die Bestandsaufnahme. Es gibt oftmals ein Problem der ungeklärten Zuständigkeiten: Denn in vielen Fällen ist es schon eine Schwierigkeit, herauszufinden, wer für die Anerkennung denn nun eigentlich zuständig ist: IHK, Handwerkskammer, Kultusministerium oder Regierungspräsidium lauten einige der möglichen Adressen. Hier wäre es für einen Aufstand der Zuständigen nötig, diese überhaupt erst einmal klar zu benennen.

Selbst ist der Stand

Viel haben wir gesagt über die Integration auf den Arbeitsmarkt und dabei meist von abhängiger Beschäftigung gesprochen. Dabei sind Migranten als Arbeitnehmerinnen und Arbeitnehmer nur eine Seite der Medaille. Übersehen wird die andere Seite: die Rolle von Migranten als Unternehmerinnen und Unternehmer. Als Klein- und Kleinstunternehmer konkurrieren sie in wettbewerbsintensiven Märkten, häufig in Innenstadtlagen, der Schwerpunkt liegt auf Dienstleistungen. In vielen Branchen sind einzelne ethnische Gruppen sehr stark vertreten, z. B. in der Gastronomie und im Handel.

Doch der Eindruck von Pizzabäcker und Dönerverkäufer täuscht. Eine Reihe von Unternehmern mit Migrationshintergrund haben größere Unternehmen mit überregionaler Bedeutung aufgebaut. Geschätzt wird der Anteil von Unternehmern mit Migrationshintergrund auf etwa drei bis vier Prozent aller Berufstätigen in Deutschland. Das ist schon etwas mehr als eine bloße „Nische". Die Kenntnis über die besondere Rolle dieser Gruppe der Selbstständigen ist allerdings relativ bescheiden. Die Integrationsleistung ist – von beiden Seiten – verbesserungsfähig.

Und auch hier gibt es Zuständige: Es sind die traditionellen Institutionen der deutschen Wirtschaft – Verbände, Innungen, Kammern etc. Sie sind noch fast hundertprozentig von Deutschen, in der Regel sogar von deutschen Männern, dominiert. Da diese Institutionen auch Träger wirtschaftspolitischer Aufgaben sind, zum Beispiel bei der Gründungsberatung, bei der Ausbildung und im Prüfungswesen, bei der Entwicklung der Ausbildungsordnungen und vielem mehr, geht die Wirtschaftspolitik tendenziell an den Interessen von Unternehmern mit Migrationshintergrund vorbei.

Interkulturelle Öffnung sollte nicht nur ein Thema der öffentlichen Verwaltung in Deutschland sein, sondern auch der Selbstorganisationen der Wirtschaft. Wir brauchen eine personelle und konzeptionelle Öffnung dieser Institutionen, damit sie in ihrer Zusammensetzung und in ihrem Tun die Vielfalt von Unternehmertum in Deutschland abbilden. Ein gutes Beispiel bietet zum Beispiel die Stadt München, wo sich die Kammer und der Bund der Selbständigen am „Tag des ausländischen Unternehmens" beteiligen.

Umgekehrt bedeutet dies zugleich die Aufforderung an Unternehmer mit Migrationshintergrund, sich in diese Institutionen zu begeben und sich dort zu engagieren. Die Zusammenarbeit mit Menschen mit einem anderen kulturellen Hintergrund, aber ähnlichen lokalen und regionalen Fragestellungen ist in Verbänden, Innungen und Kammern, bei Runden Tischen vor Ort, in Business Improvement Districts, beim Quartiersmanagement etc. unerlässlich. Dass beispielsweise in den Plenen der Kammern in Bremen kein einziger Unternehmer mit Migrationshintergrund sitzt, obwohl in Bremen viele Migranten selbständig sind, ist ein unhaltbarer Zustand. Diese Beteiligung an der „klassischen" Verbandsarbeit ist kein Ersatz für die Selbstorganisation der Migranten, die zum Beispiel bei den türkischstämmigen Selbständigen in zahlreichen Vereinen stattfindet, sondern muss diese ergänzen. Wir brauchen die Balance zwischen Selbstorganisation und Integration ausländischer Unternehmer in den Institutionen der deutschen Wirtschaft.

Die Gründungsbereitschaft bei Menschen mit Migrationshintergrund ist in der Regel höher als bei deutschstämmigen. Ob das mit der größeren Gründungsneigung im Sinne von Risikobereitschaft („Push-Faktoren") oder aber mit der größeren Notwendigkeit, sich aufgrund höherer Arbeitslosigkeit selbständig zu machen („Pull-Faktoren"), zu tun hat, ist unklar. Gleichzeitig scheitern aber auch überdurchschnittlich viele Gründer mit Migrationshintergrund. Ursache ist häufig eine unzureichende Qualifikation. Unternehmer mit Migrationshintergrund sind zwar im Vergleich zur Gesamtheit der Bevölkerung mit Migrationshintergrund überdurchschnittlich, im Vergleich zu deutschstämmigen Unternehmern aber unterdurchschnittlich qualifiziert. Häufig fehlt es an grundlegenden Kenntnissen der Buchführung, der Betriebswirtschaft, des Steuerrechts und anderer wichtiger Grundlagen wie Versicherungspflichten, Umweltrecht etc. Darüber hinaus fehlen Sprachkenntnisse. Das erschwert die Kommunikation mit (potenziellen) Kunden, aber auch mit Behörden, Kollegen, Lieferanten etc. Und das forciert eine Kumulation der Existenzgründungen in Niedrig-Qualifikations- und Low-Tech-Branchen.

Betrachtet man diese Probleme, kann es nicht verwundern, dass der Gründungsbereitschaft eine hohe Insolvenzquote gegenübersteht. Das ist für alle bedauerlich, denn jede Unternehmensgründung birgt die Chance zusätzlicher Arbeitsplätze. Jedes Unternehmen kann Teil einer attraktiven Infrastruktur werden und das Wirtschaftsleben in einer Kommune prägen und mit Leben füllen.

Wir haben es immer wieder gesehen: Menschen mit Migrationshintergrund sind oft risikofreudiger, flexibler und hartnäckiger als ihre deutschen Nachbarn. Das sind alles Attribute, die man gerne von Unternehmern fordert. Wenn man diese gesellschaftliche Ressource also nutzen will, muss man diesen Menschen alle nur möglichen Werkzeuge an die Hand geben.

Bei Gründern mit Migrationshintergrund bedeutet das, durch Zielgruppenorientierung die vorhandenen Wirtschaftsfördermaßnahmen und Beratungsstrukturen wirksamer zu machen. Ein gutes Beispiel ist das Mannheimer Deutsch-Türkische Wirtschaftsforum, das sich auf die Beratung von türkischstämmigen Unternehmern spezialisiert und unter einem Dach mehrere Gründer angesiedelt hat, die anderen hilfreich sein können (Steuerberater, Unternehmensberater, Anwalt mit Kenntnissen beider Sprachen und Kulturen).

Die fehlenden Kenntnisse bedeuten zudem, dass viele Fördermaßnahmen der öffentlichen Hand, aber auch viele staatlichen Regulierungen ihr Ziel bei Unternehmern mit Migrationshintergrund nicht erreichen. Wenn ein relevanter Teil der Unternehmer grundlegende Normen des Steuer-, Umwelt- und Versicherungsrechts nicht kennt, geht Wirtschaftspolitik ins Leere. Wie soll gesellschaftlicher Wandel wirtschaftspolitisch begleitet und gestaltet werden, wenn viele Selbständige von den Diskussionsprozessen in den traditionellen Strukturen abgeschnitten sind, die Diskussion in deutschen Medien nicht mitverfolgen (können) und die üblichen Informationsquellen wie Broschüren, Zeitungsanzeigen etc. nicht nutzen (können)? Sprachförderung steht auch hier an erster Stelle, ist aber nicht alles. Es geht auch darum, Nischenökonomien dadurch zu integrieren, dass sich Selbständige mit Migrationshintergrund als Teil der hiesigen Wirtschaftswelt verstehen und entsprechend informieren.

Das Zuwanderungsgesetz ermöglicht das erste Mal in der Geschichte der Bundesrepublik die Zuwanderung von Unternehmern nach Deutschland. Die Umsetzung verläuft aber derzeit noch sehr bürokratisch. Außerdem sind die Hürden für eine Einreise in die Bundesrepublik sehr hoch. So müssen laut § 21 des Zuwanderungsgesetzes Menschen, die aufgrund selbständiger Tätigkeit nach Deutschland kommen wollen, mindestens eine Million Euro investieren oder sofort zehn Arbeitsplätze schaffen, um ohne Prüfung einreisen zu dürfen. Und selbst dann bekommen sie eine Aufenthaltserlaubnis von höchstens drei Jahren, die danach in einem bürokratischen Akt überprüft werden soll. Diese unpraktikablen Messlatten werden in der Praxis längst unterschritten. Es ist höchste Zeit, dass auch der Gesetzgeber das Zuwanderungsgesetz dem internationalen Wettbewerb um Investoren anpasst.

Doch nicht nur angeworbene Investoren sind mit ihren interkulturellen Fähigkeiten eine relevante Stütze für die Erschließung neuer ausländischer Märkte. Auch die längst hier lebenden Unternehmer mit Migrationshintergrund können stärker eine Brückenfunktion übernehmen. Im Deutsch-Türkischen Wirtschaftsforum in Mannheim finden deutschstämmige Unternehmer Ansprechpartner, wenn es um die Markterschließung in der Türkei geht, z. B. türkischstämmige Anwälte und Steuerberater.

Fünf Freunde sollt ihr sein

Was können die Zuständigen tun? Es gibt eine ganze Reihe guter Konzepte, die wichtigsten sollen hier vorgestellt werden. Dabei werden wir sehen, dass sie teilweise einander widersprechen – politische Entscheidungen sind dann gefragt.

1. Empowerment

Empowerment könnte man auf Deutsch mit dem Begriff „Befähigungspolitik" wiedergeben. Der Befähigungspolitik geht es zunächst einfach darum, Personengruppen in die Lage zu versetzen, ihr Schicksal selbst in die Hand zu nehmen. Das kann zum Beispiel im Bildungssektor geschehen, wenn man Einwanderer gezielt fördert und ihnen somit die Mittel für beruflichen Erfolg mit auf den Weg gibt. Diese Befähigung geht aber noch weiter: Sie ermuntert Einwanderer, sich zu organisieren, notfalls auch in separaten Communitys.

In diesen Kontext fällt zum Beispiel die Gründungswelle der Ethniensportvereine. Allerorten ist in den letzten Jahren verstärkt das Phänomen zu beobachten, dass Menschen mit Migrationshintergrund nach ihrer Herkunftsgruppe eigene Sportvereine gründen. So finden wir zum Beispiel in der Fußball-Bezirksliga Frankfurt gleich vier solcher Vereine: die KSG Bosnien/Herzegowina, den SV Griesheim/Tarik, den FSV Bergen/FC Italia und TuS Makkabi (wobei der jüdische Sportverein freilich kein Ethniensportverein ist, wohl aber an einer Glaubensgemeinschaft ausgerichtet ist). Und die Vereine, die tatsächlich in einer Liga spielen, stellen nur einen Teil der Vielfalt der Szene dar.

Fragt man im Ausland nach dem Typischsten, was Deutschland zu bieten hat, ist die Antwort häufig der „e. V.". Die Gründung eines eingetragenen Vereins. Dieser Gründungsakt setzt voraus, dass man sich mindestens mit dem Deutschen Vereinsrecht beschäftigt hat, um eine Satzung zu schreiben, zum Ortsgericht gegangen ist, um die Eintragung in das Vereinsregister zu beantragen, und zum Finanzamt, um die Gemeinnützigkeit prüfen zu lassen.

Empowerment bedeutet hier, dass man Migranten, die sich in deutschen Sportvereinen nicht akzeptiert gefühlt haben, in die Lage versetzt hat, sich – ganz nach den urdeutschen Regeln des Vereinsrechts – selbst zu organisieren. Der Nachteil dieses Konzepts ist die Verstärkung der bereits beschriebenen Kluft zwischen Mehrheit und Minderheit. Auf der anderen Seite zeigen die ältesten „ethnischen" Fußballclubs die höchste Rate an „Urdeutschen" auf, weil sie schon aus sportlichen Gründen bald feststellen, dass sie nicht nur ihr eigenes Süppchen kochen dürfen.

Noch mal: Wir haben für den Fall der Communitys die oberflächliche Paradoxie gesehen, dass eine gewisse Art der Separation ein erster Schritt zur Integration sein kann. Unter einer Voraussetzung freilich: Die Organisationsformen dieser Separation müssen sich als Institutionen der Gesamtgesellschaft verstehen. Für die Communitys bedeutete dies, dass sie als Plattform der Kommunikation zur Integration von Minderheiten in die Mehrheitsgesellschaft beitragen sollten.

Dieser Gedanke lässt sich auch auf andere Formen übertragen, die der Ethnizität oder Herkunft Rechnung tragen. Ethniensportvereine wären dann begrüßenswert, weil sie trotz ihres Separationscharakters eine Institutionsform der Mehrheitsgesellschaft aufnehmen. Die ethnische Identität würde somit beispielsweise nicht mehr nur einfach „Türke" sein, sondern „Türke in Deutschland, als Mitglied in einem deutschen Sportverein", denn die Form, derer sich die Mitglieder eines Türkemspor e. V. bedienen, um ihr Türkischsein zum Ausdruck zu bringen, ist das deutsche Vereinsrecht. Dass die Form immer auch den Inhalt bestimmt, muss hier nicht weiter ausgeführt werden.

Eine Anerkennung des ethnischen Hintergrundes würde den grundsätzlichen Paradigmenwechsel in der deutschen Migrations- und Integrationspolitik einläuten. Denn sie würde offiziell anerkennen, dass es Menschen nichtdeutscher Herkunft gibt, die mit vollem Recht hier leben und immer häufiger auch die deutsche Staatsbürgerschaft besitzen. Und diese Anerkennung würde ohne Zweifel auch für ein Gefühl der Akzeptanz bei den Betroffenen sorgen, die den Namen einer Gesellschaft, die sie gezielt fördert und fordert, leichter in die Konstruktion ihrer Identität aufnehmen können.

2. Citizenship

Das Prinzip der Citizenship, zu Deutsch vielleicht „Bürgerschaftspolitik", setzt ganz auf den Schlüssel der politischen Partizipation. Die Bürgerschaftspolitik, die in Kanada entwickelt wurde, hat die Einbürgerung als zentrales Instrument. Kanada hat ein Einwanderungssystem nach Punkten, das gewisse Migranten ins Land holt. Wer in dieses Raster passt, der wird nicht nur ins Land gelassen, er bekommt auch gleich die kanadische Staatsangehörigkeit. Diese neuen „Citoyens" (vergessen wir nicht: Kanada hat auch französische Wurzeln) genießen dann die vollen Bürgerrechte, die natürlich alle Formen von politischer Partizipation und also vor allem das Wahlrecht beinhalten.

Man geht davon aus, dass die Gewährung dieser Rechte die Motivation bietet, sich als Teil der kanadischen Gesellschaft zu verstehen und aktiv an ihrer Gestaltung teilzunehmen. Die guten Erfolge der kanadischen Integrationsbemühungen beweisen, dass dieser Gedanke nicht ganz abwegig sein kann.

Die Kehrseite einer solchen Politik ist natürlich, dass alle diejenigen, die durch das Raster fallen und trotz alledem ohne kanadischen Pass in Kanada leben, vom Zugang zum wichtigsten Integrationsmittel abgeschnitten sind.

3. Kultur der Anerkennung

Die „Kultur der Anerkennung" ist ein Ansatz, der vom deutschen Soziologen und Pädagogen Wilhelm Heitmeyer von der Universität Bielefeld stammt. Heitmeyer nimmt an, dass alle Formen von Diskriminierung vom Grundimpuls der Menschenverachtung ausgehen. Rassismus, Antisemitismus, Homophobie, Frauenfeindlichkeit usw. erscheinen so als verwandte, im Kern identische Symptome der Menschenverachtung.

Das Gegenbild zu dieser Menschenverachtung ist eine Kultur der Anerkennung, die den anderen bedingungslos als Individuum betrachtet, unabhängig von jeglichen Kategorien der Zugehörigkeit.

Heitmeyers Analyse ist im Grundsatz richtig. Sie unterliegt auch vielen Annahmen, die in den vorangegangenen Kapiteln aufgestellt wurden. Sie bedingungslos zu akzeptieren bedeutet im Umkehrschluss aber, dass jegliche Art von Diskriminierung nur eliminiert werden kann, wenn gleichzeitig ihre tieferen Ursachen angegangen werden. Sie hat also einen Ausschließlichkeitscharakter. Die Zahl der kulturellen, sozialen und wirtschaftlichen Faktoren aber, die verändert werden müssen, um an die tiefliegenden Probleme heranzukommen, ist derart groß und ihre Veränderung so schwierig, dass es sich hier nicht um einen kurz- oder mittelfristigen Lösungsansatz handeln kann.

4. Diversity und Affirmative Action

Diversity, auch hier wagen wir eine Übersetzung, wäre im Deutschen die „Vielfaltspolitik". Hans Jablonski, Diversity-Manager bei der Deutschen BP, übersetzt Diversity mit „Wertschätzung". Hier geht es darum, die quantitativ vorhandene Vielfalt der Hintergründe der Menschen auf die Institutionen zu übertragen. Deshalb könnte man einen Teil der Vielfaltspolitik auch als eine Art Mainstreaming für die multikulturelle Gesellschaft bezeichnen. Das impliziert auch ein klares Bekenntnis zur Vielfalt. Vielfalt wird als Potenzial gesehen, das sich in den Institutionen realisieren können soll. Damit ist die Nutzung der Diversity immer ein „Top-Down-Prozess".

Aus der Vielfaltspolitik leitet sich auch die Forderung nach „Affirmative Action" ab. Die Geschichte der Affirmative Action in den USA ist eng mit der Bürgerrechtsbewegung verbunden. Den grundlegenden rechtlichen Rahmen lieferte der Civil Rights Act aus dem Jahre 1964. Wann der Begriff zum ersten Mal tatsächlich auftaucht, ist nicht ganz eindeutig zu klären. Die große offizielle Begründung für die neue politische Strategie aber lieferte der damalige Präsident Lyndon B. Johnson in seiner eindrucksvollen Rede vor den Absolventen der Howard University, damals eine der wenigen schwarz geprägten amerikanischen Hochschulen, aus der ich hier kurz eine zentrale Passage zitieren will:

„Man wischt die Wunden aus Jahrhunderten nicht einfach weg, indem man sagt: ‚Jetzt könnt ihr hingehen, wo ihr hinwollt, tun, was ihr tun wollt, und eure Anführer selber wählen.' Es ist nicht möglich, einen Mann, der jahrelang an Ketten gelegt war, zu befreien, ihn dann zur Startlinie eines Wettlaufes zu bringen und ihm zu sagen: ‚Jetzt kannst du mit den anderen mitrennen' – und gleichzeitig anzunehmen, dass man nun der Fairness Genüge getan hat. Wir treten jetzt in die nächste und grundsätzlichere Phase des Kampfes um Bürgerrechte ein. Wir streben nicht mehr nur nach Freiheit, sondern nach Chancen – nicht nur nach rechtlicher Gleichstellung, sondern nach der Befähigung von Menschen –, nach Gleichheit nicht nur als Recht und Theorie, sondern nach Gleichheit als Tatsache und Resultat."

Erinnern wir uns daran, dass die Sklaverei in den USA kaum mehr als hundert Jahre vor dieser Rede abgeschafft wurde. Die mit der so genannten „Reconstruction" nach dem Ende des Bürgerkrieges einhergehende rechtliche Gleichstellung Schwarzer entpuppte sich aber schnell als Illusion. Vor allem im Süden setzten informelle Hürden und die Einführung des Prinzips „separate, but equal", das die Segregation in vielen öffentlichen Einrichtungen sanktionierte, den Hoffnungen schnell ein Ende.

Die praktische Umsetzung dieser Erkenntnisse äußerte sich in den USA zuerst in Weisungen an staatliche Einrichtungen und Unternehmen, die mit Bundesbehörden Geschäfte machen wollten, gewisse Regeln zur Förderung der ethnischen Chancengleichheit und Vielfalt umzusetzen. Die Nichteinhaltung gewisser Quoten zum Beispiel wurde bestraft und so effektive Fördermaßnahmen für benachteiligte Gruppen, zunächst vor allem für Schwarze, befördert. In der Folge wurden derartige Verfahren auch auf Bildungseinrichtungen ausgedehnt.

Auch Schulen sind Gegenstand dieser Politik. So werden zum Beispiel in vielen US-amerikanischen Städten Kinder aus stark weiß dominierten Vierteln Schulen in ethnisch anders zusammengesetzten Vierteln zugewiesen, um eine gleichmäßige Verteilung der soziokulturellen Profile zu gewährleisten. Professor Friedrich Heckmann vom Europäischen Forum für Migrationsstudien fasst es so zusammen: „Wenn man so will, ist *affirmative action* ein sozialwissenschaftlich fundiertes Programm, das die Einsicht umsetzt, dass sich Diskriminierung nicht nur in der Alltagsinteraktion zeigt und auswirkt, sondern, wie bei ‚strukturellem und institutionellem Rassismus' bzw. ethnischer Diskriminierung, sich als Gesamtheit bestimmter Lebensverhältnisse darstellt."

Freilich regt sich allerorten Kritik an der Affirmative Action. Da sie gezielt einzelne ethnische Gruppen fördert, sorgt sie für mehr und nicht weniger Farbbewusstsein. Die Zugehörigkeit zu einer Minderheit wird nicht ausgeblendet, sondern bewusst zum ausschlaggebenden Faktor in gesellschaftlichen Selektionsprozessen gemacht. Und ihr Charakter der positiven Diskriminierung beinhaltet natürlich automatisch auch eine negative Diskriminierung, also eine Benachteiligung von Menschen, die der Mehrheit angehören.

Als ich auf einer USA-Reise vor ein paar Jahren den stellvertretenden Vorsitzenden von PUSH, der nach der NAACP zweitgrößten Organisation der Afro-Amerikaner in den Vereinigten Staaten, traf und nach seiner Meinung zur Affirmative Action fragte, lautete seine lapidare Antwort: „Der einzige Unterschied zwischen meinem Großvater und mir ist Affirmative Action." Sein Großvater war Baumwollpflücker, er erfolgreicher Anwalt in Washington D.C.

5a. Kampf dem rassistischen Wissen
Nicht wirklich ein vollständiges Modell, wohl aber einen wichtigen Ansatzpunkt bietet die Frage nach dem „rassistischen Wissen". Dieses Modell, entwickelt vom Kölner Psychologen Mark Terkessidis und nachzulesen in seinem Buch „Die Banalität des Rassismus", ist in gewisser Weise radikal realistisch, weil es davon ausgeht, dass jede Gesellschaft, die nicht homogen ist, automatisch rassistisch ist. Dieser Rassismus produziert Stereotypen, die zum „rassistischen Wissen" der gesamten Gesellschaft werden – auch derer, die mit diesen Stereotypen belegt werden. Im Klartext bedeutet das – und Malcolm X war der Erste, der das so klar erkannt hat –, dass Minderheiten die Stereotypen annehmen, die ihnen die Mehrheitsgesellschaft aufdrückt. Dies ging, so der schwarze Bürgerrechtler, deshalb so einfach, weil viele der auf diese Weise Unterdrückten sich fatalistisch mit einem Glauben an ein besseres Jenseits, auf „apple-pie in the sky", trösten ließen.

Der entscheidende Korrekturbedarf läge demzufolge nicht bei der Mehrheit (denn der ist gar nicht zu helfen), sondern bei der Minderheit, die lernen muss, von den auferlegten Typisierungen loszukommen und ihren eigenen Weg zu gehen.

5b. Society of Access

Das letzte, auch recht nüchterne Konzept möchte ich in Anlehnung an Jeremy Rifkins „Economy of Access" als Society of Access, oder besser: als Zugangsgesellschaft bezeichnen. Es sieht vor, alle rechtlichen und sozialen Hürden für Migranten strikt abzubauen und von weiterer Förderung abzusehen. Ein konsequentes Antidiskriminierungsgesetz wäre ein wichtiger Bestandteil einer solchen Politik. Anonymisierte Bewerbungsverfahren würden zu dieser Gesetzgebung gehören.

Die Idee hinter diesem Ansatz ist es, strikt von der Herkunft der Menschen abzusehen, sie in allen gesellschaftlichen Institutionen so weit wie möglich unsichtbar zu machen – und also auf Strategien aus dem Umfeld der Vielfaltspolitik, wie zum Beispiel auf Quotenregelungen, zu verzichten.

Neben diesen Modellen gibt es natürlich noch eine Vielzahl anderer Herangehensweisen, zum Beispiel das Konzept der „Creative Class" vom US-amerikanischen Soziologen und Ökonomen Richard Florida, oder das Modell der „hybriden Gesellschaft". Aus Gründen der Übersichtlichkeit, aber auch, weil die Übertragung vieler dieser Konzepte auf die deutsche Debatte aus meiner Sicht noch nicht ausgereift ist, will ich es bei der Erwähnung belassen. Diese Modelle stellen eine Vielfalt von Herangehensweisen zur Verfügung und sind – das möchte ich noch einmal betonen – an vielen Punkten auch inkompatibel. Einzig ihr Ansinnen ist gleich: Sie wollen Diskriminierungen beheben und Gleichstellung fördern.

Schematisch kann man zwei unvereinbare Grundimpulse in den genannten Strategien feststellen: zum einen solche, die von der Existenz von Diskriminierungen aufgrund von Herkunft ausgehen, diese in einem gewissen Rahmen hinnehmen, und versuchen, den Betroffenen gezielt zu helfen (Befähigungs- und Vielfaltspolitik). Dies freilich birgt das Risiko, Herkunftskategorien zu zementieren, statt sie aufzulösen. Die zweite Gruppe hat ein weitgehend „herkunftsblindes" Herangehen. Sie setzt darauf, Hürden zu beseitigen und Ursachen für Diskriminierung zu beseitigen, und geht davon aus, dass diese Maßnahmen den Weg für die Ausübung des Integrationswillens, den sie als natürlich gegeben annimmt, frei machen. Ihr Absehen von Herkunftskategorien hat zum Ziel, diese weitgehend aus dem Bewusstsein der Menschen zu verdrängen (alle anderen Ansätze).

Medien und Multiplikatoren

Zuständig für Integration sind aber auch die Medien. Das haben wir anlässlich der Frage nach der Debattenführung schon gesehen. Doch um ihre Rolle bei der erfolgreichen Integration erfüllen zu können, brauchen wir von den Medien eine handfestere Verpflichtung.

Das betrifft zuerst einmal die Art, *wie* berichtet wird.

Ein leider seltenes Beispiel von Selbsterkenntnis bezüglich der eigenen Rolle für die gesellschaftlichen Integrationsprozesse hat die „Frankfurter Rundschau" 1993 geliefert. Die Tageszeitung entschuldigte sich damals mit einer ganzen, eigens diesem Thema gewidmeten Ausgabe für ihre bisherige Berichterstattung. Kern der Selbstkritik war die Art, wie über Migranten geschrieben wurde, das heißt, in welchen Zusammenhängen von Herkunft, Religion, Staatszugehörigkeit die Rede war.

Die FR kam damals zu dem Schluss, dass man viel zu häufig die Nationalität beispielsweise von Straftätern hervorgehoben hatte, auch wenn diese in keinerlei Beziehung zum Verbrechen stand. Weil man dies verständlicherweise nur bei Minderheiten tat (und anderswo auch heute noch tut) und nicht bei der deutschen Mehrheit, entstand (und entsteht) so ein verzerrtes Bild. Und das Blatt zog die notwendige Konsequenz: Von ethnischem, religiösem oder sozialem Hintergrund wird generell nicht mehr berichtet, außer wenn er für den spezifischen Fall relevant ist. Wenn also ein Vietnamese bei einem Auffahrunfall Fahrerflucht begeht, so wird seine Nationalität nicht erwähnt werden; wenn er in eine Schießerei zwischen rivalisierenden Banden verwickelt ist, die sich klar durch ihre Herkunft auszeichnen, dann schon. Nachahmung ist erwünscht.

Die zweite Zuständigkeit der Medien liegt in der Auswahl ihres Personals, vor allem desjenigen, das im Licht der Öffentlichkeit steht – also im Wesentlichen Journalisten oder Moderatoren. Jemand wie Souad Mekhennet, von der ich vorhin berichtet habe, bildet eine löbliche Ausnahme.

Vor allem aber geht es um die Gesichter auf der Mattscheibe. Hier gibt es noch vergleichsweise wenige prominente Gesichter. Cherno Jobatey, Ex-Moderator von „Verstehen Sie Spaß?", ist eines davon. Sein Wert als Role Model und Identifikationsfigur ist kaum zu überschätzen.

Eine Möglichkeit für Migranten, bei den Medien Fuß zu fassen, unter dem Dach des öffentlichen-rechtlichen Rundfunks journalistisch zu arbeiten und Themen der Migrantencommunitys zu bearbeiten, sind die Ausländerredaktionen. Doch leider haben diese Einrichtungen ihr Potenzial selten so richtig ausfüllen können – und werden momentan häufig zurückgeschnitten. Oftmals werden sie nur als Alibi-Spielwiese gesehen und ihre Sendungen sind entsprechend eher dröge. Vielleicht liegt das auch daran, dass hier zwar Journalisten mit Migrationshintergrund arbeiten, ihre Chefs aber ausnahmslos alle Urdeutsche sind.

Das könnte auch anders gehen – ein Beispiel geben oftmals nichtkommerzielle Lokalsender wie Radio X in Frankfurt, wo Sendungen auf Türkisch, in verschiedenen afrikanischen Dialekten und sogar auf Finnisch angeboten werden, die von jungen Migranten selbst gestaltet werden und mit ihrer teilweise sehr fachkundigen Musikauswahl auch die Brücke zur Mehrheitsgesellschaft schlagen können.

Auch die Politik ist zuständig

Nicht zuletzt die Politiker sind in die Riege der Zuständigen aufzunehmen, von denen dieses Kapitel spricht. In ihrer Funktion als Gesetzgeber sind sie überall in diesem

Buch angesprochen, als Akteure auf der öffentlichen Bühne vor allem hier.

Leider fallen Spitzenpolitiker, zuständig für die allgemeinen Zustände, immer wieder dadurch auf, dass ihre Rhetorik die positive Arbeit der vor Ort Zuständigen öffentlich unterminiert. Das frappierendste Beispiel der vergangenen Jahre war die Erklärung von Klaus Wowereit, Regierender Bürgermeister von Berlin, er würde seine potenziellen Kinder nicht auf eine öffentliche Schule in Kreuzberg schicken. Das ist zuerst einmal eine Ohrfeige für alle diejenigen, die sich im Alltag in „Problemvierteln" damit abmühen, Kindern Chancen zu eröffnen. Davon gibt es sehr viele, wenn auch immer noch zu wenige, was auch in der Verantwortung Wowereits liegt, der nicht genügend Mittel für die Bildung bereitstellt. Zweitens bedeutet es aber auch eine Stigmatisierung derjenigen, die nicht die gleiche Wahlfreiheit haben wie der Regierende Bürgermeister. Türkische Familien werden so gleich doppelt herabgewürdigt, als „bad company" für Wowereits Kinder und als Verlierer einer Gesellschaft, bei der es auf Mobilität und Flexibilität ankommt.

Dass Wowereit und seine Kollegen ein gehöriges Maß Mitschuld an der Situation tragen und dies mit derlei Äußerungen auch öffentlich eingestehen, ist freilich eine Schlussfolgerung, die nicht ganz so deutlich zutage tritt wie die erste.

Die Politik, deswegen steht sie ganz am Ende dieses Kapitels, ist allerdings weniger zuständig, als der eine oder andere ihrer Vertreter meint. Dort, wo sie es aber ist, steht viel auf dem Spiel – beim Zuwanderungsgesetz beispielsweise. Die Entstehungsgeschichte dieses Gesetzes wird für Historiker noch exemplarisch als Beispiel der „Lähmungsjahre der Berliner Republik" gelten. Aber jenseits jahrelanger Verhandlungen, Verschlechterungen im Gesetz, unsinniger Kompromisse zwischen allen Parteien, Intransparenz und Ränkespielen ging es im gesamten Prozess der Gesetzgebung auch darum, Signale in der Öffentlichkeit zu setzen.

So lagen im Bundesrat 138 Änderungswünsche der Bundesländer vor. Um ein einziges Beispiel für die partielle Unsachlichkeit der Auseinandersetzung zu benennen, schauen wir uns doch einen Änderungsantrag zur Präambel des Gesetzes an: Der Wortlaut „Zweck des Gesetzes: Steuerung und Begrenzung der Zuwanderung nach Deutschland" sollte ergänzt werden um den Zusatz „zwecks Bewahrung der deutschen Identität". Jeder Jurastudent auf dem Weg zur Einführungsveranstaltung weiß, dass die „Bewahrung der deutschen Identität" so vage ist, dass sie nicht in ein Gesetz gehört. Es ging also nur darum, eine nebulös-patriotische Duftmarke zu setzen.

Die Politik sollte ihren Wirkungsradius nicht überschätzen, denn Integration findet vor Ort statt. Aber sie sollte die Wirkung ihres Handelns, vor allem ihrer Reden, auf die Wahrnehmung Einzelner auch nicht unterschätzen.

Friede der Stadt, Friede der Welt

> *Wer an den Dingen der Stadt keinen Anteil nimmt, ist kein stiller, sondern ein schlechter Bürger.*
> *(Perikles)*

Betrachtet man sich einmal die nüchternen Zahlen, die von den Wohnorten von Migranten zeugen, wird einem schnell deutlich, warum Integrationspolitik ganz zwangsläufig eine Frage ist, die vor Ort entschieden wird. In der Bundesrepublik leben bei einer Gesamtbevölkerung von 82,5 Millionen 7,35 Millionen Menschen ohne deutschen Pass (diese und alle folgenden Angaben stammen aus dem Jahr 2003), das entspricht knapp 9 Prozent. Schon ein Blick auf die Verteilung zwischen den Bundesländern verdeutlicht die Unausgewogenheit: Bei den Flächenländern liegen Baden-Württemberg und Hessen mit Anteilen von 12,1 bzw. 11,5 Prozent vorn, in Sachsen-Anhalt und Thüringen sind es gerade einmal 2 Prozent.

Ähnlich sieht das Bild bei den Städten aus: Die benachbarten Kommunen Frankfurt und Offenbach am Main haben 25,9 bzw. 31,4 Prozent Bürger ohne deutschen Pass, in Berlin sind es immerhin 13,2, in Essen dagegen nur 9,7 und in Dresden ganze 4,7 Prozent. Und diese Zahlen berücksichtigen noch nicht die Tatsache, dass es innerhalb dieser Städte Gegenden mit deutlich höherem oder niedrigerem Ausländeranteil gibt. So erreichen in Berlin zahlreiche Viertel in Kreuzberg, Neukölln, dem Wedding oder Moabit fast die 40-Prozent-Marke.

Diese unterschiedlichen Zahlenverhältnisse freilich gehen mit einer jeweils ganz eigenen Zusammensetzung der Herkunftsländer, mit unterschiedlichem sozialem Status und ganz individuellen Gegebenheiten der städtischen Situation einher. Einen Türken der dritten Generation in Kreuzberg, einen jugoslawischen Bürgerkriegsflüchtling in Offenbach und einen Amerikaner im Frankfurter Westend-Süd verbindet nur wenig miteinander.

Dieser Vielfalt kann man „von oben herab" nur bedingt gerecht werden. Geht es in den übergeordneten Entscheidungsebenen vor allem darum, Rahmen zu setzen, Mittel bereitzustellen und öffentlich für ein Klima der Inklusion, Toleranz und Offenheit zu sorgen, so finden die tatsächlichen Integrationsprozesse, die zwangsläufig immer individuell sind, vor Ort statt.

Den Städten kommt dabei eine herausragende Rolle zu. Hier treten die Probleme am deutlichsten hervor, hier ist gleichzeitig zumeist am ehesten ein Klima der Offenheit vorzufinden, kurzum: Hier werden die Entscheidungen getroffen, die den Erfolg der Integrationsprozesse der einzelnen Menschen bestimmen.

An Vorbildern mangelt es nicht

Ich bin recht stolz darauf, dass meine Heimatstadt Frankfurt eine der ersten Städte war, die das erkannt hat. Als internationaler Verkehrsknotenpunkt, Handels- und Messeplatz blickt Frankfurt auf eine sehr lange Tradition der Zuwanderung und Integration zurück.

1989 wurde hier mit der Gründung des Amts für multikulturelle Angelegenheiten und mit der Verankerung des Themas Integration in einem Dezernat der Grundstein für die heutige Integrationspolitik gelegt. Die Leistung, die dabei von allen Beteiligten erbracht wurde, kann nicht hoch genug bewertet werden. Der Gründung war ein vonseiten der CDU extrem polarisierender Wahlkampf vorausgegangen, der direkt gegen das Selbstverständnis der Stadt gerichtet war: Gegen Multikulturalität wurde der Heimatbegriff gesetzt. Asylsuchende und Flüchtlinge sollten aus der Stadt herausgehalten werden, Migrantinnen und Migranten wurden mit Asylsuchenden gleichgesetzt. Die CDU-Kampagne gipfelte damals in der Denunziation des designierten Dezernenten für multikulturelle Angelegenheiten, Daniel Cohn-Bendit, als heimatlosem Gesellen („Soll Cohn-Bendit unsere Heimat bestimmen?").

In dieser Phase des Kommunalwahlkampfes warteten die Grünen mit einer Idee auf, die progressive, emanzipatorische Migrationspolitik bereits in der Stadtverwaltung verankern sollte: mit dem Vorschlag, ein Amt zu bilden, das als Querschnittsamt auf Augenhöhe mit den anderen städtischen Ämtern verhandeln kann und in die Stadtverwaltung hineinwirkt. Die institutionelle Wahrnehmung der Migrantinnen und Migranten war bislang durch zwei Ämter geprägt, das Ausländer- und das Sozialamt. Hier wurde Zuwanderung als zu kontrollierendes, potenziell gefährliches Phänomen behandelt, dort wurden konkrete oder vermeintliche Defizite der Migrantenbevölkerung beschworen, die man bestenfalls abmildern wollte.

Der Ansatz, der hinter der Idee des Amtes für Multikulturelle Angelegenheiten stand und steht, ist der einer emanzipatorischen, gleichberechtigten Teilhabe aller Bevölkerungsgruppen an der gesellschaftlichen Gestaltung und Entwicklung der Stadt. Er war im Kern völlig neu, er war auch nicht zu vergleichen mit dem paternalistischen Habitus derer, die von „ausländischen Mitbürgern" sprachen, mit denen sie es „gut meinten". Da die Gesetzgebung der Bundesrepublik zu diesem Zeitpunkt noch ganz ungebrochen die politische Lebenslüge des Landes spiegelte, es habe keine Einwanderung stattgefunden, sondern allenfalls Gastarbeiterzustrom – auf Zeit –, war die Einrichtung des Amtes auch ein emanzipatorischer Akt der Stadt Frankfurt, mit dem sie selbstbewusst ihren eigenen, spezifischen Realitäten Rechnung trug.

Was nun wurde in Frankfurt konkret unternommen? Die Stadt entwickelte über die Jahre Bildungs- und Erziehungsprojekte rund um die Sprachvermittlung als einem der zentralen Elemente der Integrationspolitik, die auf Hilfe zur Selbsthilfe statt nur auf Fürsorge setzen. Zum „Exportschlager" hat sich dabei das 1997 gestartete Programm „Mama lernt Deutsch" entwickelt. Kern des Projektes ist, dass Mütter von Zuwandererkindern in Grundschulen und Kindergärten an zwei Vormittagen in der Woche in einem ihnen bekannten institutionellen Umfeld Deutsch lernen, parallel zum Unterricht ihrer Kinder. Die Kleinkinder werden während der Zeit betreut. Die Mütter bzw. Väter werden von geschulten Pädagogen an die deutsche Sprache herangeführt. Die Inhalte der Sprachkurse sind praktisch orientiert, so vermitteln sie zum Beispiel Informationen über das Schulsystem.

Ein weiteres Projekt mit dem Namen „mitSprache" wurde ins Leben gerufen, weil Untersuchungen gezeigt hatten, dass Kinder aus Migrantenfamilien zu Beginn ihrer Schullaufbahn keine ausreichenden Sprachkenntnisse haben. Ansatz und Ziel des Projekts „mitSprache" ist es, die bestehenden pädagogischen Erfahrungen in den Bereichen Deutsch als Zweitsprache, Mehrsprachigkeit, Elternarbeit und Lehrerfortbildung weiterzuentwickeln. Dies erfolgt zusammen mit dem staatlichen Schulamt und mit Frankfurter Grundschulen. Potenziale konnten so sichtbar gemacht werden, schulische Organisationsentwicklung und individuelle Schulprofile erhielten wesentliche Impulse. „mitSprache" geht inzwischen in die zweite Projektphase und wird an weiterführenden Schulen umgesetzt.

Ein drittes Sprachförderungsprogramm hat den klangvollen Namen „HIPPY" (Home Instruction Program for Preschool Youngsters and Parents, zu Deutsch: Heimlehrprogramm für Vorschulkinder und Eltern). Es richtet sich an Mütter von Vorschulkindern ab dem vierten Lebensjahr. Sie werden dabei unterstützt, die kognitiven und bilingualen Kompetenzen ihrer Kinder spielerisch zu erweitern und diesen dadurch die schulische und soziale Integration zu erleichtern. Zu diesem Zweck werden die Mütter einmal pro Woche von einer Trainerin, die auch ihre Muttersprache spricht, zu Hause besucht und mit den Spiel- und Lernmaterialien vertraut gemacht. Die Mütter beschäftigen die Kinder täglich 15 Minuten mit den Materialien. Regelmäßige Gruppentreffen ergänzen das Programm.

Die Kosten für diese Programme möchte ich nicht verschweigen, schon allein um zu zeigen, mit wie wenig Geld viel erreicht werden kann: Nach Information des Amts für multikulturelle Angelegenheiten sind 2004 rund Euro 1,7 Millionen, darunter auch Bundes- und Landesmittel, in die Zukunft investiert worden.

Ein weiteres ermutigendes Beispiel kommt aus Mannheim und hat die berufliche Qualifizierung zum Ziel. In der Neckarstadt hat man zwei spezifische Schwellen bei der Integration von Zuwanderern in den Arbeitsmarkt ausgemacht: Den jungen Zuwanderern bereitet der Übergang von der Schule in die Ausbildung und später der Wechsel in den erlernten Beruf Schwierigkeiten. Man stellt fest, dass die Ausbildungsquote von Jugendlichen aus Zuwandererfamilien aus unterschiedlichen Gründen deutlich unter derjenigen deutscher Jungendlicher liegt. Mangelnde Sprachkenntnisse sind eine Hauptursache für schulischen Misserfolg, der dann den Einstieg ins Berufsleben erschwert. Hinzu kommt, dass Migranten auf dem angespannten Markt für Ausbildungsplätze oft mit Vorurteilen zu kämpfen haben und damit sowieso schlechtere Chancen haben als Jugendliche ohne Migrationshintergrund. Mit dem Einstieg ins Bildungssystem beginnt eine negative Auslese, die sich zu Ausbildungsbeginn, aber auch nach Abschluss noch verstärkt.

Der Ausbildungsverbund des Interkulturellen Bildungszentrums (ikubiz) wurde 1996 unter dem Namen „Ausländische Selbständige bilden aus" gegründet, um diesen Teufelskreis zu durchbrechen. Durch diesen Verbund soll die Arbeitslosigkeit bei Jugendlichen mit Migrationshintergrund, insbesondere bei Hauptschülern, abgebaut werden und gleichzeitig die Ausbildungsfähigkeit ausländischer Betriebe gefördert werden. Ein Arbeitsschwerpunkt liegt auf der Förderung von Mädchen, da sie bei der Suche nach einem Ausbildungsplatz besonders benachteiligt sind. Der Ausbildungsverbund bezieht Betriebe, den Einzelhandelsverband und das ikubiz als koordinierende Stelle ein. Eine Strategiekommission unter Beteiligung des Arbeitsamtes, der Industrie- und Handelskammer, der Handwerkskammer, der Stadt Mannheim und des ikubiz warb die ausländischen Ausbildungsbetriebe an. Alle Auszubildenden werden während der ganzen Zeit durch den Ausbildungsverbund fachlich und sozialpädagogisch betreut.

Wichtig ist auch der Kontakt zu den Familien der Jugendlichen. Gespräche mit den Eltern führen dazu, dass sie die Ausbildung unterstützen – das ist besonders deswegen wichtig, weil gerade Mädchen aus konservativem Umfeld oft auf große familiäre Widerstände stoßen, wenn sie selbständig einen Beruf erlernen wollen. Im Großraum Mannheim haben sich durch den Verbund über hundert Firmen mit einem ausländischen Eigentümer als Ausbildungsbetriebe etabliert. Viele bilden mittlerweile zum wiederholten Male aus und qualifizieren erfolgreich junge Fachkräfte. Das Projekt erhielt vom damaligen Bundespräsidenten Johannes Rau eine Auszeichnung im Rahmen des bundesweiten „Wettbewerbes zur Integration von Zuwanderern" sowie eine Auszeichnung für innovative Berufsausbildung.

Die Aufgaben der Städte

Diese Beispiele von Städten, nur zwei von Dutzenden, zeigen, welche Potenziale lokale Akteure haben. Einzelne Erfolgsgeschichten werden oft als so genannte

Best-Practice-Beispiele beworben. Das Konzept von „Best Practice" stammt eigentlich aus der Betriebswirtschaftslehre. Es bezeichnet dort, grob gesagt, Verfahren zur Prozessoptimierung, die sich durch den Vergleich mehrerer Ansätze zur Lösung desselben Problems ergeben. Das Konzept, das das beste Ergebnis hervorbringt, kommt zum Einsatz.

Analog suchen auch öffentliche Institutionen immer häufiger nach Best-Practice-Lösungen, alternativ nach „Good Practice", also nach Lösungen, die nicht unbedingt die besten, aber eben doch erfolgreich sein müssen. Das ist zuerst einmal sehr begrüßenswert, denn es ist eine Methode, von den Erfahrungen anderer zu profitieren. Und so könnten ganz sicher zahlreiche Kommunen von den beiden Beispielen aus Mannheim und Frankfurt lernen. Zwei Dinge sollte man dabei aber nicht aus den Augen verlieren: Es geht bei der Integration um Menschen, um Einzelfälle, bei Städten um eine ganz individuelle Zusammensetzung der Migranten – die einzelnen Ansätze sind also nur bedingt übertragbar. Gleichzeitig sollte der Blick nicht auf deutsche Beispiele begrenzt werden, denn oftmals werden die innovativsten Ideen im Ausland praktiziert, wo man oft schon viel längere Erfahrung mit gewissen Problemlagen hat als in Deutschland.

Was aber sind nun die Aufgaben der Städte und Gemeinden, wie kann man in den Institutionen vor Ort den Herausforderungen einer Einwanderungsgesellschaft begegnen? Ich möchte einige der wichtigsten Punkte aufzählen: Reformierung der Sozialarbeit, Ermöglichung der Partizipation, interkulturelle Öffnung und Anpassung der Bildungsangebote.

Der erste Punkt heißt Neugestaltung der sozialen Arbeit. Klar ist, dass sie als ein zentrales Element zur Integration vor Ort finanziell unterstützt werden muss. Aber auch inhaltlich muss sie sich neu ausrichten: Sie muss multikultureller, individueller und aktiver werden.

Ein Ansatz dazu heißt Quartiersmanagement. Vor allem in den Großstädten sind nicht nur die Viertel untereinander heterogen, schon einzelne Straßenzüge, Wohnsiedlungen oder ähnliche städtebauliche Einheiten können ihren ganz eigenen Charakter haben. Dieser Einsicht trägt ein Quartiersmanagement Rechnung, das versucht, das anonyme Leben mit allen seinen Missverständnissen, Vorurteilen und Konflikten in die Gemeinschaft eines Kiezes, eines Dorfes mitten in der Stadt, zu überführen.

Ein Quartiersmanager ist klassischer Generalist – er und seine Mitarbeiter kümmern sich um alle Fragen und Probleme, die die Menschen im Alltag betreffen: Probleme ausländischer Familien mit deutschen Behörden, von einfachen Verständnisfragen bis zu komplexeren Rechtsproblemen können bei ihm genauso vorgebracht werden wie Beschwerden über falsch sortierten Müll, gewaltbereite Jugendliche oder kaputte Straßenlaternen; er organisiert Veranstaltungen, die das Gemeinschaftsgefühl in einem Viertel stärken können, bringt die deutsche Rentnerin und den türkischen Großfamilienvater samt Kindern bei Streit an einen Tisch, kann aber gleichzeitig auch zusammen mit der Polizei für ein hartes Durchgreifen sorgen, wenn alles Reden manchmal einfach nichts mehr nutzt.

Der Vorteil von Quartiersmanagement oder ähnlichen Einrichtungen ist, dass die Mitarbeiter die Menschen, die sie betreuen, wirklich kennen, dass sie eingreifen können, bevor es zu spät ist, dass sie Vermittler sind, bestenfalls Unparteiische, zwischen den Bürgern und der Stadt und zwischen den Menschen untereinander. In diesem Sinne sind sie die verantwortlichen Sozialarbeiter der multikulturellen Großstädte des 21. Jahrhunderts.

Wenn Quartiersmanager auch noch selbst einen Migrationshintergrund haben, dann können sie die Rolle von Modellen übernehmen. Das ist besonders wichtig im Umgang mit jungen männlichen Migranten. Junge männliche Migranten sind in vielerlei Hinsicht die problematischste Gruppe, die von Quartiersmanagern und Sozialarbeitern betreut wird.

Dass die Formel „jung + männlich + Migrant = Verlierer" so häufig traurige Realität ist, hat im Wesentlichen drei Gründe. Erstens sind männliche Migranten in der Schule meist die größten Bildungsverlierer. In einem Schulsystem, das auf das bürgerliche, deutschsprachige Kind eingestellt ist, fallen sie aus dem Raster. So wie Männer in aller Regel in allen Bildungssystemen schlechter abschneiden als Frauen, haben Migrantenjungs auch gegenüber ihren weiblichen Schicksalsgenossinnen das Nachsehen. Arbeits- und Perspektivlosigkeit sind häufig die Folge.

Zweitens haben männliche Migranten ein schlechtes Image. In deutlich stärkerem Maße als junge Ausländerinnen begegnen sie Vorurteilen und Ablehnung, die sie im Gegenzug durch eine falsch verstandene Gewalt(androhung) in eigene Autorität umwandeln wollen. Und schließlich sind eben jene patriarchalischen Denkweisen ein deutliches Hindernis für die Integration in Mehrheitsgesellschaft und Arbeitsmarkt, wo es nötig ist, auch weibliche Autorität anzuerkennen und solche, die nicht auf Gewalt basiert.

Die Folgen dieses Problemkomplexes bekommen aber nicht nur die Jungs selbst zu spüren. Die patriarchalischen Strukturen, aus denen sie entstehen und die sie in einem Teufelskreis weiter verstärken, nehmen auch jungen Frauen ihre Chancen. Das zeigt sich darin, dass Mädchen aus solchen konservativen Milieus zwar fast immer bessere Bildungsleistungen erbringen, dann aber oftmals gar keine Ausbildung antreten können, weil ihre Familie ihnen die Rolle im Haus zuweist und ein selbstbestimmtes Leben von Töchtern oder Schwestern nicht toleriert.

Kurzum: Im Umgang mit Jungs, die noch nicht einmal einen Bartflaum haben, sich aber aufführen, als ob sie die Könige des Viertels wären und sich mit der „männlichen Tugend" von Stärke und Gewalt Respekt verschaffen könnten, zeigt sich, welche Vorstellungen von Ehre, Gleichberechtigung und männlicher Autorität in ihren Familien oft noch vorherrschen.

Man kann sich von den Attitüden solcher Jungs ganz zu Recht abgestoßen fühlen, sich zurücklehnen und zufrieden sein mit der Aussicht, dass sie spätestens bei der Suche nach einem Ausbildungsplatz mit ihrem Machogehabe nicht weit kommen werden. Aber das ist natürlich ein Trugschluss, denn man kann sicher sein, dass ein relevanter Teil von ihnen bis zu diesem Zeitpunkt endgültig in die Illegalität und die Gewalttätigkeit abgedriftet sein wird. Wir müssen uns also im allseitigen Interesse darum bemühen, ihre Denkmuster aufzubrechen. Das ist schwer, denn ihre Überzeugungen sind tief verwurzelt.

Um an diese Wurzeln zu kommen, braucht man Autorität (einen anderen Schlag Vorbilder als die, von denen vorhin die Rede war), und zwar männliche, da dies meist die einzige Sprache ist, die in diesem Milieu verstanden wird. Diese Autorität kann man auf ganz verschiedene Weise erlangen. Mein Freund Wolfgang Malik, Sozialarbeiter aus Offenbach – da soll noch jemand sagen, wir Frankfurter wären nicht tolerant –, hat sich als Respektsperson etabliert, obschon es ihm aufgrund seiner körperlichen Behinderung kaum möglich wäre, seine Jungs in Schach zu halten. Ihm ist das gelungen, weil er sich wie wenige andere konsequent für seine Schützlinge eingesetzt hat, auf sie zugegangen ist, sie ermuntert hat, ihren Hintern zu bewegen; weil er meistens weiß, wann er Grenzen zu ziehen hat, und weil, wer diese Grenzen einmal überschritten hat, trotzdem immer noch zu ihm zurückkommen kann. Eine Möglichkeit, Autorität zu bekommen, ist also echtes Interesse, Engagement und Einsatz.

Die klassische Form der Autorität aber ist in diesen Kreisen noch immer eine, die auf Gewalt und Geld basiert. Der Rapper MC Torch hat seine Erfahrungen mit solchem Publikum auf einer gemeinsamen Podiumsdiskussion einmal anhand einer sehr extremen Situation illustriert:

„Wenn man zum Beispiel ein Liebeslied geschrieben hat und man denkt, die Leute kommen jetzt und wollen mit einem über den Text reden. Dann muss man den Leuten erst einmal zeigen, dass man ihnen auf die Fresse hauen könnte, damit sie einem dann das Liebeslied anhören. Das ist etwas, womit ich wirklich zu kämpfen habe, aber das ist leider einfach so. Und genauso muss ich den Leuten halt erzählen, dass ich einen Haufen Geld habe, um dann meine antikommerziellen Lieder machen zu können. Das ist die Welt. Also bevor ich da mit Kurt Tucholsky komme, muss ich erst einmal sagen, dass ich ein dickes Auto fahre. Dann hören sie vielleicht auch zu."

Wenn die Quartiersmanager oder Sozialarbeiter selbst Migranten sind, kommt zu dieser Autorität noch das Gefühl hinzu: „Das ist einer von uns, der es geschafft hat." Und das ist das entscheidende Moment, das diesen jungen Menschen den Ruck geben kann, sich selbst zu bewegen.

An dieser Schwelle steht ein Junge, der aus Wolfgang Maliks Offenbacher Boxprojekt gekommen ist. Ein kurzer Rückblick: Zusammen mit dem Boxer und Pädagogikstudenten Peter Firner führt Malik unter dem organisatorischen Dach seines Jugendzentrums seit Mai 2003 ein regelmäßiges Boxtraining durch. Boxen, so die Grundüberzeugung, ist ein idealer Weg, körperliche Aktivität, das Abreagieren von Gewalt, mit Disziplin und Sozialverhalten zu verbinden. Denn wer boxt, muss zwar körperlich stark sein, technisch gewieft, gleichzeitig aber auch in der Lage, diese Kraft nach den Regeln des Sports und den Maßgaben der Fairness einzusetzen. So gab sich das Projekt strenge Regeln. Trainingseinheiten dürfen nur nach voriger Entschuldigung versäumt werden, die Fairnessgebote müssen eingehalten werden und wer Gewalt auch außerhalb des Projekts auf der Straße anwendet, der fliegt ein für alle Mal.

Das Projekt ist ein großer Erfolg, mittlerweile trainieren über vierzig Jungs und Mädchen jedweder Nationalität hier und haben eines gelernt: das Verhältnis von körperlicher Bedrohung und Angst in eines des gegenseitigen Respekts umzuwandeln.

Um auch an Wettbewerben teilnehmen zu können, wurde ein Verein gegründet. Und der stellt mit dem 21-jährigen Zijad Dolicanin nun den Hessenmeister im Superschwergewicht. Zijad, der, wie er selber zugibt, früher auch häufig an Prügeleien auf der Straße beteiligt war, hat neben seinem Erfolg beim Boxen auch in der Bildung aufgeholt. Nach dem erfolgreichen Ablegen des Fachabiturs will er Sozialpädagogik studieren. Die Grundlage für eine erfolgreiche Arbeit mit Jugendlichen wie denen aus dem JUZ Offenbach Nord hat er schon jetzt: Sie respektieren ihn, halten zu ihm, sind stolz auf ihn: „Das ist einer von uns."

Der zweite Punkt der Aufgabenliste für Kommunen lautet Partizipation. Vor Ort kann gesellschaftliche Partizipation stattfinden – den meisten Migranten ist das Wahlrecht auf Bundesebene ohnehin verwehrt. Das einzige Gremium, das eine solche demokratische Repräsentation momentan ermöglicht, ist vielerorts der Ausländerbeirat. Es gibt nur ein Problem: Die Wahlbeteiligung zu diesem Gremium liegt meist etwa bei 10 Prozent. Dies mag einem Mangel an Bekanntheit geschuldet sein, an der häufigen Larmoyanz der Vertreter im Ausländerbeirat liegen oder auch an den geringen Einflussmöglichkeiten dieses Gremiums. Doch auch die Wahlbeteiligung von Eingebürgerten ist nicht besonders hoch und das politische Interesse, das bei Umfragen unter Migranten regelmäßig ausgelotet wird, eher gering.

Gleichzeitig aber liegt das gesellschaftliche Engagement von Migranten in etwa auf dem gleichen Niveau wie das der Deutschen. Auch wenn bislang nur wenige Studien darüber vorliegen, wo und wie Migranten sich engagieren und partizipieren, so kann man doch festhalten, dass fast zwei Drittel der türkischstämmigen Migranten in Deutschland sich aktiv in Vereinen, Verbänden, Gruppen oder Initiativen beteiligten, so der Ausländerbericht der Integrationsbeauftragten. Das entspricht den Zahlen für Deutsche. Auch in Gewerkschaften sind vor allem Türken und Italiener stark vertreten (hier sind 16,4 Prozent der Türken, 15,1 Prozent der Italiener und nur 13,9 Prozent der Deutschen aktiv).

Der Wille ist also durchaus vorhanden. Nur gilt es, einige Regeln zu beachten, wenn man Migranten für demokratische Partizipation gewinnen will. (Diese Regeln gelten im Übrigen für alle demokratischen Entscheidungsprozesse, unabhängig von der Herkunft der Teilnehmer.)

Die wichtigste Regel betrifft den Gegenstand: Es muss tatsächlich etwas zu entscheiden geben. Niemand ver-(sch)wendet gerne seine Zeit, ohne ein Ziel vor Augen zu haben, und ohne das Gefühl, etwas Sinnvolles zu tun, tatsächlich etwas zu bewegen. Alle Beteiligten müssen von Anfang an eingebunden werden und die Beteiligung muss von den Teilnehmern selbst vorbereitet werden; es geht darum, die Entscheider ernst zu nehmen und sie nicht mit einem für sie völlig irrelevanten Projekt zu konfrontieren; nur im Zweifelsfall sollte fachliche Unterstützung von außen hinzugezogen werden. Schließlich müssen die Entscheidungsverfahren transparent und Ergebnisse greifbar sein. Eigentlich ganz elementare demokratische Regeln, so sollte man meinen. Aber in den Augen so mancher Entscheidungsträger scheinen diese für die demokratische Gestaltung von Ausländervertretungen oder ähnlichen Gremien nicht relevant zu sein.

Das dritte Handlungsfeld vor Ort ist die interkulturelle Öffnung öffentlicher Einrichtungen. Diese Öffnung hat ebenso viele Facetten, wie die Probleme von Migranten vielgestaltig sind. Die Bedeutung von Migranten und ihren Bedürfnissen anzuerkennen heißt auch, ein deutliches Zeichen dafür zu setzen, dass man die Realität der Einwanderungsgesellschaft, in der wir in Deutschland leben, anerkennt, mithin sie gar akzeptiert. Diese Öffnung hat Auswirkungen auf Krankenhäuser und Altenheime ebenso wie auf Behörden und Jugendclubs. Ihre Maxime lautet: Es ist normal, dass Kunden, Klienten, Patienten einen internationalen Hintergrund haben, und die christliche Religion ist nicht mehr zwangsläufig als Regelfall vorauszusetzen.

Am deutlichsten wird die Notwendigkeit dieser Anerkennung dort, wo es um das physische Leben in seiner Substanz geht, im Gesundheitssystem. Los Angeles hat das auf eindrucksvolle Weise an seinem Notrufsystem gezeigt. Wählte man bis vor kurzem in L. A. County, also im Großraum der Stadt, die 911, so konnte man seinen Notruf in 200 Sprachen tätigen. Ein geschicktes System der Weiterleitung ermöglicht es, dass die benötigte Sprache schnell ausgemacht wird. Auch hier haben zwar die Mittelkürzungen zugeschlagen – nichtsdestotrotz arbeiten auch heute noch Telefonisten mit Kenntnissen in 34 Sprachen in den Zentralen. So ist sichergestellt, dass jedem Menschen die Möglichkeit gegeben wird, aus gesundheitlichen Notsituationen gerettet zu werden, auch wenn er keinen Integrations- oder Sprachkurs besucht hat.

Nun gibt es in Deutschland keinen Schmelztiegel von den Ausmaßen der kalifornischen Metropole, doch auch hier kommen Migranten oft nicht im gleichen Maß in den Genuss des Gesundheitssystems und seiner Präventionsangebote wie Deutsche. Das lässt sich an einigen Zahlen ersehen, die die Integrationsbeauftragte in ihrem Bericht veröffentlicht.

So geben zum Beispiel 75 Prozent der psychiatrischen Kliniken in Deutschland an, Sprachschwierigkeiten mit nichtdeutschen Patienten zu haben, und 38 Prozent geben es als schwierig an, im Einverständnis mit den entsprechenden Personen zur Festlegung eines therapeutischen Verfahrens zu kommen. Bei der Zahngesundheit von Kindern stehen Türken in Berlin deutlich schlechter da als Deutsche: Während sich bei einer Schuluntersuchung nur 27,5 Prozent der letzteren Gruppe als behandlungsbedürftig herausstellte, waren es bei den Türken 68,9 Prozent. Auch vom Problem der Übergewichtigkeit sind Ausländerkinder stärker betroffen. Bei einer Untersuchung in der Hauptstadt waren es 22,7 Prozent im Vergleich zu den 11,3 Prozent ihrer deutschen Altersgenossen.

Das hat ganz sicher in hohem Maße etwas mit der sozialen Klasse der Betroffenen zu tun, aber nicht zuletzt auch damit, dass es für viele Migranten vor der Inanspruchnahme von Gesundheitsdienstleistungen noch immer Hürden zu überwinden gilt, bzw. dass Beratungsangebote nicht auf ihre Bedürfnisse zugeschnitten sind.

Das kann zum einen durch eine gezielte Ansprache bestimmter Einwanderergruppen geändert werden. In Frankfurt beispielsweise gibt es im Gesundheitsamt spezielle Sprechstunden für Afrikaner und Roma. Zum anderen muss es über eine Eingliederung in die Regelversorgung, also zum Beispiel in Krankenhäusern, eine stärkere interkulturelle Ausrichtung geben. Das setzt voraus, dass Mediziner im Umgang mit ihren nichtdeutschen Patienten auch auf Sachverstand außerhalb der Medizin zurückgreifen und dass solches Personal in den Kliniken fest verankert sein muss. Schließlich müssen wir anstreben, dass auch das medizinische Personal die multikulturelle Realität des Landes widerspiegelt. Eine relevante Zahl von Ärzten, Krankenschwestern und Pflegern mit Migrationshintergrund ist sicher einer der besten Wege, hier für eine bessere Verständigung zu sorgen.

Der demografische Wandel aber fordert eine interkulturelle Öffnung nicht nur in der Gesundheitsversorgung, sondern vor allem auch in der Altenpflege. Das Bundesfamilienministerium rechnet damit, dass sich die Zahl der über 60-jährigen Ausländer im Zeitraum von 1999 bis 2010 mehr als verdoppelt haben wird, auf 1,3 Millionen Personen, und dass diese Zahl im Jahr 2020 fast die Zweimillionenmarke erreichen wird. Dass diese Einsicht in den Köpfen der meisten Menschen hierzulande noch nicht recht angekommen ist, liegt ganz sicher auch an der jahrelang gepflegten Rotationsideologie, dass also Gastarbeiter nach dem Ende ihrer Berufstätigkeit hierzulande in ihre alte Heimat zurückkehren sollten. Das geschieht aber in den wenigsten Fällen – und wenn, dann häufig nur in Form der so genannten Pendelmigration, das heißt der Beibehaltung des deutschen Wohnsitzes bei gleichzeitig vermehrten Aufenthalten im Herkunftsland.

Ein großer Vorteil älterer Migranten ist es, dass sie vergleichsweise seltener alleine leben. Die Mehrgenerationenhaushalte zahlreicher Migrantenfamilien sind eine gute Basis für eine menschenwürdige Versorgung im Alter; freilich nur dann, wenn man sich vor Ort auf diese Form der Versorgung einstellt und entsprechende Angebote zur Unterstützung und Beratung entwickelt.

Aber auch alleinstehende, zumeist weibliche Senioren mit Migrationshintergrund sind oft gut in soziale Strukturen eingebunden, meist allerdings in kulturell oder religiös orientierte. Es ist also notwendig, mit diesen Organisationen zusammenzuarbeiten, auch um die Betroffenen überhaupt über die Möglichkeiten der Altenhilfe in diesem Land zu informieren.

In den Kontext der interkulturellen Öffnung gehört auch eine Debatte, die die bundesdeutsche Öffentlichkeit in den letzten Jahren gespalten hat, quer zu allen Ethniengrenzen. Es geht um das Kopftuch. Dies ist zugegebenermaßen nicht in erster Linie eine Frage des Handelns vor Ort – die Normen dazu werden an anderer Stelle erlassen –, aber es gehört in den Kontext einer Einstellung, die die gleichberechtigte Existenz verschiedener Religionen in Deutschland anerkennt.

Ausgelöst hatte den Kopftuchstreit eine Referendarin in Baden-Württemberg. Vor der Übernahme in den regulären Schuldienst hatte man es ihr zur Auflage gemacht, dass sie nur ohne Kopftuch unterrichten dürfe. Ihre Klage gegen diese Auflage ging bis an das Bundesverfassungsgericht. Dieses beschied in seinem Urteil vom 24. September 2003, dass ein solches Kopftuchverbot gegen die Rechte der Klägerin gemäß § 33 des Grundgesetzes verstoße. Dort heißt es: „(2) Jeder Deutsche hat nach seiner Eignung, Befähigung und fachlichen Leistung gleichen Zugang zu jedem öffentlichen Amte. (3) Der Genuss bürgerlicher und staatsbürgerlicher Rechte, die Zulassung zu öffentlichen Ämtern sowie die im öffentlichen Dienste erworbenen Rechte sind unabhängig von dem religiösen Bekenntnis. Niemandem darf aus seiner Zugehörigkeit oder Nichtzugehörigkeit zu einem Bekenntnisse oder einer Weltanschauung ein Nachteil erwachsen."

Einzige Einschränkung des Verfassungsgerichtes: Wenn nun ein Bundesland sich entschiede, alle religiösen Symbole bei Lehrern zu verbieten, könnte natürlich auch das Kopftuch mit einem solchen Verbot belegt werden.

Dabei gab es zwei Motive, aus denen heraus das Kopftuch bei Lehrerinnen abgelehnt wurde, wobei das erste sehr häufig durch das zweite verbrämt wurde. Erstens wurde befürchtet, dass mit dem öffentlichen Bekenntnis einer Autoritätsperson, wie eines Lehrers, zum Islam das Ende des christlich dominierten Abendlandes eingeleitet werde. Zweitens sah man im Kopftuch in erster Linie ein Instrument zur Unterdrückung der Frauen und das Verbot von Kopftüchern als eine staatliche Unterstützung zur Emanzipation unterdrückter Muslima in Deutschland.

Nun sind die Motive für das Tragen eines Kopftuches so unterschiedlich wie die Einstellungen zum Islam vielfältig. Viele Mädchen, das ist richtig, werden zum Zeichen ihrer Ungleichbehandlung dazu gezwungen, ein Kopftuch zu tragen. Gleichzeitig gibt es aber auch viele Muslima, für die das Kopftuch bloß ein Mittel zum Ausdruck ihrer muslimischen Identität ist, und die ein völlig emanzipiertes, freiheitliches Leben führen. Eines kann man festhalten: Im Islam selbst gibt es praktisch (und ich rede hier nicht von theologischen Fachdiskussionen) sehr viele verschiedene Konnotationen des Kopftuchzeichens. Wenn man nun aber das Kopftuch verbietet, weil man bloß die Unrechtsseite betrachtet, dann deklariert man im Umkehrschluss alle Kopftuchträgerinnen zu Fundamentalistinnen, denn man spricht anderen Motiven für das Kopftuchtragen die Relevanz ab.

Der Unterschied zwischen einem Fundamentalisten und einem Vertreter des modernen Islam liegt nicht darin, dass der Erste meint, man müsse gemäß dem Koran ein Kopftuch tragen, und der Zweite, der Koran schreibe dies nicht vor. Der Vertreter eines wirklich moderaten Islam sagt zuerst einmal, dass es wohl so lesbar sei, man es aber auch anders interpretieren könne. Es gibt also verschiedene Auslegungen. Um nun in einem säkularen Rechtsstaat wie der Bundesrepublik die richtigen Wertmaßstäbe zu finden, kann man sich nicht auf theologische Debatten einlassen. Die Gleichbehandlung von Frauen muss auf anderen Wegen sichergestellt werden, vor allem durch ein aktives Durchsetzen der rechtlichen Gleichstellungsnormen und entsprechende Aufklärungsmaßnahmen – nicht aber durch ein präventives Generalverbot.

Vielleicht kann man die Anwesenheit von Kopftüchern auf allen Ebenen der öffentlichen Institutionen und die damit verbundene Irritation auch als eine Aufforderung dazu sehen, den Islam einzubürgern. Denn damit der Islam sich in die Reihe der sichtbaren und etablierten Religionen in Deutschland stellen kann, bedarf es noch einiger Anpassungen – dazu gehört zum Beispiel die Ausbildung von aufgeklärten Islamlehrern an deutschen und deutschsprachigen Islamlehrstühlen an den Universitäten und die damit einhergehende Ausbildung einer genuin europäischen islamischen Theologie. Nur so kann auch den modernen, gläubigen Muslimen eine Basis gegeben werden, um sich in ihrer neuen Heimat über die Grundlagen ihres Glaubens zu verständigen und mittelfristig allen fundamentalistischen Strömungen die Jünger zu entziehen.

Vielleicht befremdet es Sie, dass gerade ich als Mann mich überhaupt traue, gegen ein Kopftuchverbot einzutreten. Ein Blick auf die Biografie meiner Mutter half mir sehr bei meiner Positionsfindung. Meine Mutter war eine Pionierin in der iranischen Berufswelt Anfang der 1960er Jahre. Sie war eine der ersten Frauen im zivilen Luftfahrtwesen und die erste Teamleiterin für die Gesamtschicht am Teheraner Flughafen. Sie liebte ihren Job. Nach der Einführung des Kopftuchzwangs im postrevolutionären Iran Anfang der 1980er Jahre kündigte sie ihren Job, weil sie das Gefühl hatte, ihre Autorität als Vorgesetzte bei den Männern nicht mehr behaupten zu können. Ich fragte sie vor diesem Hintergrund, ob sie denn nicht für ein Kopftuchverbot sei. Sie war völlig empört: „Das Problem war doch nie das *Kopftuch*, sondern dass ich das Kopftuch tragen *musste*. Der Zwang ist das Problem, nicht das Stück Stoff über meinem Haar. Dieser Zwang kann darin bestehen, das Kopftuch tragen zu müssen, oder aber auch darin, das Kopftuch ablegen zu müssen."

Die Kopftuchdebatte hat viele Facetten, denen ich hier nicht allen gerecht werden kann. Aber ein letztes Argument der Verbotsbefürworter will ich aufgreifen. Es heißt, das Kopftuch sei das Symbol der Unterdrückung der Frau. Nun ist das vor dem Hintergrund der beschriebenen Vielfalt der Motive, ein Kopftuch zu tragen, falsch. Das Kopftuch ist ein Zeichen von Konservativismus. Allein deshalb würde ich mich freuen, es würden weniger Frauen Kopftücher tragen. Aber Konservativismus kann und soll man nicht verbieten.

Aber selbst wenn diese Analyse richtig wäre, dann wäre ein Kopftuchverbot für Lehrerinnen einfach die falsche Konsequenz daraus. Die Gleichstellung von Frau und Mann ist ein Verfassungsziel. Ein Symbol, das auf menschenverachtende Art gegen ein Verfassungsziel verstößt, ist verfassungswidrig und muss verboten werden; dann aber in der gesamten Öffentlichkeit und nicht nur in der Schule. Diesen Vorschlag habe ich allerdings noch gar nicht gehört.

Mit dieser Meinung stehe ich im Übrigen im Dissens mit meiner Freundin Ekin Deligöz. Diese hatte einen Aufruf gestartet, bei dem sie muslimische Frauen aufforderte, das Kopftuch abzulegen. Bis hierhin teile ich ihre Meinung, denn wenn sie und ich weniger Konservativismus wollen, dann können wir sicher auch solche Aufrufe starten, sie als Frau allemal. Das Problem war nur der erste Teil des Aufrufes: „Kommt im Heute an." Aus oben genannten Gründen teile ich das nicht. Denn das Stück Stoff auf dem Kopf verbaut nicht den Eintritt ins „Heute". Trotzdem ist es Ekins gutes Recht, einen solchen Aufruf zu starten.

Umso erschreckender war es, als sie danach zuhauf Morddrohungen bekam. Sie verrate den Islam, die Türkei, wen auch immer. Ekin Deligöz wurde danach vom Bundeskriminalamt als stark gefährdet eingestuft und bekam ein ganzes Team von Personenschützern. Wir sind gemeinsam einige Male durch die Straßen Berlins gelaufen, gemeinsam mit ihren Personenschützern, und ich habe den Hauch einer Ahnung bekommen, wie es ihr gehen muss. Es ist ein unglaublich beklemmendes Gefühl, zu wissen, dass man sich in der Öffentlichkeit nicht mehr frei bewegen kann, dass aber auch die Bodyguards keinen hundertprozentigen Schutz bieten. Bei allem Dissens in der Sache finde ich es umso bemerkenswerter, dass Ekin, Mutter eines kleinen Jungen, sich nicht mundtot machen lässt. Sie ist ein weiterer Beweis dafür, wie falsch das pauschale Opferbild von den Einwanderern ist, speziell das von den weiblichen.

Der letzte große Punkt für die Integrationsarbeit vor Ort ist schließlich die Bildung. Jede Stadt und jede Kommune kann am besten einschätzen, welche Bildungsangebote für die Einwanderer in ihrem Gebiet am sinnvollsten sind. Für den ganzen Komplex an Integrations- und Sprachkursen gilt dabei die Maxime, dass Deutschland den Rückstand jahrzehntelang versäumter Integration nachzuholen hat.

Die Zuständigen vor Ort müssen sich deshalb verstärkt auch an Menschen wenden, die schon seit Jahren hier leben, denen aber immer noch wichtige Grundkenntnisse der Sprache und des Gesellschaftssystems fehlen. Das Frankfurter Beispiel mit dem Konzept „Mama lernt Deutsch" ist hier wegweisend. Es muss aber auch begriffen werden, dass das Sprachenlernen ein lebenslanger Prozess ist. Wer die deutsche Sprache als Fremdsprache erlernt hat – sei es, weil er nicht hier geboren wurde, sei es, weil er als Kind in Deutschland nicht Deutsch als Muttersprache gelernt hat –, wird häufig in neuen Lebenssituationen Bedarf an weiteren Kursen haben; das kann etwa beim Übergang ins Berufsleben der Fall sein oder beim Wechsel von einer Branche in eine andere. Auch hier müssen entsprechende Angebote geschaffen werden.

In den Einrichtungen der vorschulischen Bildung muss den Erkenntnissen der Sprachforschung Rechnung getragen werden, die wir oben schon einmal kennen gelernt haben, dass nämlich Zweisprachigkeit bei kleinen Kindern unbedingt zu fördern ist. Dass also besonders dann, wenn zu Hause beispielsweise nur Türkisch gesprochen wird – und das vielleicht noch nicht einmal besonders korrekt –, auch die türkische Sprache in Kindergarten und Vorschule gefördert werden muss, damit auch das Deutsche besser erlernt werden kann. Das setzt zweierlei voraus. Erstens muss der Bildungsauftrag der Kindergärten gestärkt werden. Besonders in der Sprachförderung liegen hier große Chancen. Und zweitens muss die Ausbildung der Erzieher die multikulturelle Realität berücksichtigen. Dazu gehört auch, dass dafür geworben werden muss, dass mehr Migranten diesen Berufsweg einschlagen.

Elternarbeit ist aber auch in einem anderen Kontext entscheidend. Das Frankfurter Projekt „Mama lernt Deutsch" hat gezeigt, dass es möglich ist, auch Frauen – Mütter aus sehr konservativem Umfeld – in die Schule zu holen, um ihnen Deutsch beizubringen. Wichtig ist aber auch die Überzeugungsarbeit in gesellschaftlich relevanten Fragen. Viele Konflikte entstehen in konservativen Migrantenfamilien zwischen Müttern, die ganz überkommenen Familienbildern verhaftet sind, und Töchtern, die einen freiheitlich-westlichen Lebensstil gewählt haben (mithin: die integriert sind). Hier müssen Schule und Sozialarbeit vermitteln: um Eltern zu überzeugen, ihre Töchter freiwillig an allen Schulaktivitäten teilnehmen, ein normales Sozialleben führen und nach dem Ende der Schulzeit eine Ausbildung absolvieren zu lassen.

Auch der Ausbau der Ganztagsbetreuung steht in diesem Kontext. Die Statistiken zeigen, dass Migrantenfamilien solche Angebote in etwa gleichem Maße annehmen wie deutsche. Die Möglichkeiten der frühen Lernförderung, die in einem solchen Umfeld existieren, aber häufig vergeben werden, sind immens.

Und sie werden in Deutschland in besonders starkem Maße vergeben. Denn die oben schon zitierte PISA-Studie über Migrantenkinder zeigt, dass Deutschland das einzige Land ist, in dem die Leistungen der Kinder aus der zweiten Generation, also der Kinder von Ausländerfamilien, die aber selbst bereits im entsprechenden Land geboren wurden, schlechter sind als die von Kindern der ersten Generation, die also noch im Ausland geboren wurden.

Ausblick Europa

Besonders merkwürdig ist, dass Europa von asiatischer Herkunft war.
(Herodot)

Im Verlauf der vorangegangenen Kapitel haben wir immer wieder über die Grenzen geschaut und festgestellt, dass andere Länder teilweise ganz andere Erfahrungen mit ihren Einwanderern gemacht haben. Daraus lässt sich oft lernen, im positiven wie im negativen Sinne. Der Vergleich lohnt also.

Gleichzeitig war aber stets von Deutschland die Rede. Das passt nicht so recht ins Bild einer sich immer weiter europäisierenden, ja globalisierenden Lebensrealität in diesem Land. Wollen wir also aus Migranten Deutsche machen, während gleichzeitig viele Deutsche doch eher zu Europäern werden?

Um die Bedeutung der Europäischen Union für die Einwanderung und Integration richtig einzuschätzen, muss man sich zudem klarmachen, dass ein bedeutender Teil der rechtlichen Normen, die in diesem Politikfeld relevant sind, schon längst in Brüssel und Straßburg entsteht. Das führt häufig zu recht paradoxen Situationen: Deutsche Politiker fordern ein Zurück zu Regelungen, die von der europäischen Gesetzgebung schon längst überholt sind. So haben wir einige ganz entscheidenden Fortschritte der letzten Jahre, vor allem in der Flüchtlingspolitik, Regelungen der EU zu verdanken. Die Berücksichtigung nichtstaatlicher und geschlechtsspezifischer Verfolgung als Fluchtgrund bei der Anwendung der Genfer Flüchtlingskonvention ist hier entscheidend. Sie hat es zum Beispiel ermöglicht, dass auch Menschen, die nicht von staatlicher Seite verfolgt werden, vor allem aus Ländern, in denen es so etwas wie eine klar umrissene Regierung gar nicht gibt, hierzulande als Flüchtlinge anerkannt werden können.

Das politische Zusammenwachsen Europas hat es auch mit sich gebracht, dass Bürger eines EU-Staates in allen anderen Ländern des Bündnisses den „Eingeborenen" rechtlich gleichgestellt werden müssen – ausgenommen ist davon lediglich das Wahlrecht. So sind zahlreiche ehemalige „Ausländer", Italiener, Spanier, Finnen, Briten, Polen, de facto zu Inländern geworden. Dazu kommen Assoziierungsabkommen, die die EU mit Drittstaaten schließt und die ebenfalls Auswirkungen auf den Status von deren Bürgern in den Ländern der EU hat. So gibt es mit der Türkei ein solches Abkommen beispielsweise bereits seit 1963, es wurde in der Zwischenzeit mehrfach überarbeitet und bietet türkischen Staatsangehörigen nunmehr in allen Ländern der EU einen vereinfachten Zugang zu Arbeitsmarkt und Aufenthaltstiteln. Es bedurfte des Europäischen Gerichtshofes, um der vielerorts geforderten Praxis der Ausweisung straffälliger Türken aus Deutschland deutliche Grenzen zu setzen. Türkische Staatsbürger, die sich nach dem Assoziationsrecht in Deutschland aufhalten, faktisch meist Deutsche ohne deutschen Pass sind, dürfen nun nicht mehr ausgewiesen werden. Ein skandalöser Fall wie der von Mehmet, den der bayerische Innenminister vor einigen Jahren medienwirksam in die Türkei ausweisen ließ, obwohl dieser niemals dort gelebt hatte, dürfte damit weitgehend der Vergangenheit angehören.

Wenden wir den Blick also auf die Ebene der Europäischen Union und schauen wir, wie die Strategien aussehen, die die Frage nach Migration und Integration auf ein europäisches Fundament stellen wollen.

Dabei wird eines deutlich werden: Der weitverbreitete Eindruck, Deutschland sei das bevorzugte Zielland, weil hier die Sozialleistungen angeblich so hoch seien und jeder gerne aufgenommen werde, ist schlicht und einfach falsch. Deutschland hat im Vergleich zu seinen EU-Partnern in vielen Dingen Nachholbedarf und verstieß mit seinen Verfahren sogar jahrelang gegen geltende Menschenrechtskonventionen.

Die EU und ihre Migranten

Bei ihrer Gründung plante die Europäische Gemeinschaft keine gemeinsame Regelung der Einwanderung und des Asyl- und Flüchtlingsrechts. Dies sollten die Mitgliedsstaaten individuell handhaben. Zwei Entwicklungen gaben jedoch den Anstoß, nach grenzüberschreitenden Lösungen zu suchen: Zum einen wuchs der Migrationsdruck auf die einzelnen Mitgliedsstaaten, wie wir das im Fall von Deutschland ja schon gesehen haben. Zum anderen ermöglicht der Wegfall der europäischen Binnengrenzen (Freizügigkeit nach dem Schengener Abkommen) Angehörigen von Drittstaaten (Nicht-EU-Staaten) die Übersiedlung von einem EU-Staat in einen anderen, ohne dass die einzelnen Staaten darüber noch Kontrolle hätten.

Die Zuwanderung in Europa erfolgte nach dem Zweiten Weltkrieg in mehreren Etappen:
- durch Flucht und Vertreibung in direkter Folge des Krieges, später auch durch vermehrt auftretende internationale Krisen,
- durch die Entkolonialisierung Süd- und Südostasiens, der Karibik und Afrikas,
- durch das Anwerben von Arbeitskräften in Zeiten der boomenden Volkswirtschaften und
- durch den Nachzug von Familienangehörigen.

Zwischen 1950 und den frühen 1970er Jahren verdreifachte sich die Migration nach Westeuropa und auch die Wanderung zwischen den einzelnen europäischen Ländern. Seit der ersten Ölkrise 1973 und stärker noch in den 80er Jahren war die Lage auf den Arbeitsmärkten angespannt. Arbeitslosigkeit wurde in den westlichen Industrienationen vom konjunkturellen zum strukturellen Problem. Aufgrund der schlechteren Wirtschaftslage wollten die Aufnahmeländer nun die angeworbenen Arbeitskräfte wieder loswerden (wenn dies nicht wie im Falle von Deutschland sowieso schon von vorneherein geplant war). Teilweise gelang dies auch. Doch viele Zuwanderer sind geblieben und haben ihre Familien nachgeholt. Der Schweizer Schriftsteller Max Frisch brachte die damalige Situation auf den Punkt: „Man hat Arbeitskräfte gerufen, und es kommen Menschen."

In Deutschland setzte die Anwerbephase später ein als in den anderen europäischen Ländern. Durch die Heimkehr der Kriegsgefangenen und Vertriebenen erreichte man hierzulande erst später die Vollbeschäftigung und kurze Zeit darauf einen Arbeitskräftemangel. Bis zum Bau der Berliner Mauer 1961 nahmen auch Fachleute aus der DDR in Westdeutschland die Arbeit auf. Darüber hinaus war in Deutschland eine dauerhafte Niederlassung von ausländischen Arbeitskräften nie vorgesehen – eine Politik, deren Spätfolgen, wie wir gesehen haben, noch heute die Situation belasten. Entsprechend sah das Ausländerrecht keine sozial- und bildungspolitischen Maßnahmen vor. Somit war es aus damaliger Sicht durchaus logisch, von „Gastarbeitern" zu sprechen.

Auf europäischer Ebene dauert die intensive Diskussion um eine einheitliche europäische Migrations- und Flüchtlingspolitik mittlerweile beinahe ein Jahrzehnt an, ohne dass wirklich befriedigende und konkrete Ergebnisse in greifbare Nähe gerückt wären. Erst 1997 wurde in Amsterdam die europäische Asyl- und Einwanderungspolitik beschlossen. Die Einwanderungspolitik war bis zu diesem Zeitpunkt Teil der „dritten Säule" – lag also in der individuellen Verantwortung der einzelnen Mitgliedsstaaten – und wurde mit dem Vertrag in die „erste Säule" überführt. Seither gibt es eine so genannte „Gemeinschaftsmethode".

Ein kurzer Rückblick: In Amsterdam wurde festgelegt, dass der Europarat innerhalb von fünf Jahren nach Inkrafttreten des Vertrags im Jahre 1999 Maßnahmen für verschiedene Bereiche des Asyl- und Einwanderungsrechts beschließen muss. Die wichtigste Entscheidung für die Asylpolitik war die Übernahme der Vorschriften für die Gewährung von Asyl aus dem Genfer Flüchtlingsabkommen (1951) und dem New Yorker Protokoll (1967). Ein Problem werfen die Regelungen des Amsterdamer Vertrages freilich auf: Sie stellen immer nur Mindestnormen auf.

Im finnischen Tampere kam der Europäische Rat im Oktober 1999 abermals zusammen, um über die europäische Justiz- und Innenpolitik zu beraten. Ein wichtiges Thema dabei war die Asyl- und Migrationspolitik. In Tampere beschlossen die Staats- und Regierungschefs, dass die EU künftig gemeinsam asyl- und migrationspolitische Maßnahmen entwickeln solle. Ziel einer solchen Politik für Asyl, Visa und Migration sollte laut Abschlusspapier das einheitliche Vorgehen und die einheitliche Behandlung von Zuwanderern und Asylbewerbern sein, die in die EU einreisen möchten. Die gemeinsame Migrationspolitik bezieht sich auf Staatsangehörige von Nicht-EU-Staaten (Drittstaatsangehörige). Sie umfasst eine gemeinsame Asyl- und Einwanderungspolitik, eine gemeinsame Politik gegenüber den Angehörigen dritter Staaten und eine gemeinsame Kontrolle der Außengrenzen.

Der Vertrag von Nizza, der 2003 in Kraft trat, brachte weitere Fortschritte. Im Vertrag von Amsterdam hatten sich die Staaten noch darauf geeinigt, dass Maßnahmen zur Asyl- und Migrationspolitik im Rat einstimmig beschlossen werden müssen. Dies galt zunächst für fünf Jahre, das Europaparlament hatte nur ein Anhörungsrecht. Im Zuge der Verhandlungen des Vertrags von Nizza wurde nun festgelegt, dass es einen schrittweisen Übergang zur qualifizierten Mehrheit in Entscheidungen über die Migrationspolitik geben solle. Allerdings mit einer wichtigen Vorbedingung: Das Vetorecht der einzelnen Mitgliedsstaaten soll erst dann fallengelassen werden, wenn eine gemeinsame Asyl- und Einwanderungspolitik einstimmig festgelegt worden ist. Und dieser Prozess ist noch immer im Gange und scheitert hauptsächlich an der Haltung Deutschlands, das genau diese Vorbedingung eingeführt hatte. Die sprichwörtliche Katze beißt sich selbst in den Schwanz, wenn sie an die Gemeinschaft eine Forderung stellt, deren Erfüllung sie hinterher selbst maßgeblich vereitelt.

Der Verfassungsentwurf des Europäischen Konvents, der eigentlich Ende 2006 in Kraft treten sollte, dessen Zukunft aufgrund der Ablehnung in den Referenden in Frankreich und den Niederlanden jedoch ungewiss ist, sieht auch einige Änderungen der europäischen Asyl- und Migrationspolitik vor. Für Entscheidungen in der Asyl- und Flüchtlingspolitik gälte in der EU nach seinen Regelungen nicht mehr das Prinzip der Einstimmigkeit – das Vetorecht einzelner Mitgliedstaaten entfiele.

Es gibt aber einen zusätzlichen Paragraphen, wonach das Recht der Mitgliedstaaten, über die Zugangsmöglichkeiten von Menschen aus Drittländern zu ihren Arbeitsmärkten zu entscheiden, nicht von anderen Regelungen der Verfassung berührt werden darf. Das bedeutet, dass zwar die Mehrheit der EU-Länder gegen den Willen beispielsweise Deutschlands eine Asylregelung beschließen könnte – wenn diese aber gegen deutsches Recht verstößt, muss Deutschland sich nicht daran halten. Wenn Sie sich jetzt fragen, wozu man eine solche Regelung dann eigentlich braucht, haben Sie genau den gleichen Gedanken wie ich. Fragen Sie doch mal die deutsche Regierung, im Brüsseler Jargon: Fragen Sie Deutschland.

Und kombinieren Sie das nicht mit „Du bist Deutschland", denn dann wird aus dem werbewirksamen Spruch ein Selbstgespräch.

Sicherung der Außengrenzen – oder: Wie Europa Leben retten kann

Der Entwurf des Verfassungsvertrages sieht zudem den Einstieg in eine weitere politische Zusammenarbeit vor, die mit der Migration in engem Zusammenhang steht: in den gemeinsamen Grenzschutz an den EU-Außengrenzen. Dieser ist eine Konsequenz aus der Freizügigkeit innerhalb der Union. Die Außengrenzen Deutschlands, so kann man das etwas zugespitzt formulieren, befinden sich heute an der Insel Lampedusa, an den Küsten der Kanaren, an der Grenze zwischen Polen und Russland.

Der Schutz der Grenzen betrifft im Wesentlichen die Flüchtlingspolitik – und in der Folge auch den Umgang mit dem Asylrecht. Die Reform des deutschen Asylrechts aus dem Jahr 1993 hatte versucht, den Umstand auszunutzen, dass man nunmehr nur von Freunden umgeben sei, indem sie das Konzept der „sicheren Drittländer" einführte. Es wurde definiert, welche Länder als solche zu gelten haben; es sind dies im Wesentlichen Staaten, in denen die Menschenrechte gewährleistet sind. Selbstverständlich gehören alle Nachbarländer Deutschlands in diese Kategorie. Wer nun aber aus einem sicheren Drittstaat nach Deutschland einreist, der wird sofort wieder ausgewiesen.

Der einzige Weg, nach Deutschland als Flüchtling einzureisen, war also der Luftweg, der meist an den Frankfurter Flughafen führt. Aber das ist trotz der Bemühungen Deutschlands, die Drittstaatenregelung europaweit einzuführen, eine andere Geschichte.

Heute gibt es zwei Einfallstore nach Europa. Das eine sind die südlichen Länder und ihre vorgelagerten Inseln, im Falle Spaniens vor allem die Kanaren, die nicht allzu weit von den Küsten Westafrikas entfernt sind. Das andere sind die Grenzen im Osten der Union, also der tausende Kilometer lange Streifen, der Griechenland, Bulgarien, Rumänien, Slowenien, Ungarn, die Slowakei, Polen, die baltischen Staaten und Finnland von „Osteuropa" trennt.

Auch wenn zahlenmäßig mehr Menschen über die Ostgrenzen in die EU kommen, sind es doch die im Süden, an denen der größte menschliche Handlungsbedarf besteht. Jeder kennt die Fernsehbilder von leidenden Menschen in rostigen Schiffswracks, die an den Küsten landen. Hunderte kommen gar nicht so weit und sterben auf dem Weg in die vermeintlich goldene Zukunft. Seit 1997, so schätzen Menschenrechtsgruppen und offizielle Stellen, sind tausende Menschen bei ihrem Fluchtversuch ums Leben gekommen. So schätzen spanische Behörden laut Amnesty International die Zahl der toten „Boatpeople" im Jahr 2006 allein zwischen Westafrika und den Kanarischen Inseln auf mehr als 6000.

Die Europäische Union muss hier handeln, wenn sie ihre Berufung zur Verteidigung der Menschenrechte ernst nimmt. Die erste Frage, die wir uns stellen müssen, ist: Wer kommt da eigentlich und warum? Der erste Teil der Frage lässt sich verhältnismäßig leicht beantworten. Es handelt sich zum einen um politische Flüchtlinge und – in weitaus größerer Zahl – um die junge, meist männliche, perspektivlose untere Mittelklasse, die ihre Lebensgrundlage schwinden sieht. Die ganz Armen, die sich noch nicht einmal die nötigsten Lebensmittel verschaffen können, sind erst gar nicht in der Lage, die etwa 2.000 US-Dollar aufzubringen, die eine Flucht mit einem Schlepper mindestens kostet.

Dabei ist eine solche Flucht aus wirtschaftlichen Gründen zuerst einmal eine recht rationale Abwägung: Die Menschen sehen in ihren Herkunftsländern, oft von politischen Unruhen und wirtschaftlichem Notstand gekennzeichnet, keine Überlebensperspektive mehr. Das Bild, das sie von Europa kennen, ist eines von Wohlstand und Überfluss – transportiert in erster Linie von den Medien. Also riskieren sie ihr Leben, eines, das ihnen in ihrer Heimat wenig rosig erscheint, um den Sprung nach Europa zu wagen. Den Zugang nach Europa für diese Menschen zu erschweren kommt der Förderung von Schlepperbanden und dem fahrlässigen Zusehen beim Sterben Hunderter, ja Tausender gleich.

Die momentan diskutierten Maßnahmen wirken angesichts dieser Erkenntnis eher abwegig. Die Innenminister der EU-Staaten zielen zum Beispiel darauf ab, Entwicklungshilfe an die Bereitschaft der Herkunftsländer zur Rücknahme ihrer Flüchtlinge zu koppeln. Ergebnis ist meist die Illegalität: Menschen versuchen, den staatlichen Rückfuhrmaßnahmen zu entkommen, und leben dann als Illegale oder kommen bei ihrem Fluchtversuch ums Leben.

Ein Bündel von Maßnahmen kann diesen Problemen entgegenwirken. Ihre Prämissen lauten: Wir müssen den Realitäten ins Auge sehen – Menschen fliehen nach Europa. Diesen Menschen gegenüber haben wir die grundlegenden Regeln der Menschlichkeit einzuhalten und können sie nicht dem sicheren Tod überlassen.

Aufklärung
Die Menschen in den betroffenen Ländern müssen über die tatsächliche Lage in Europa aufgeklärt werden. Es muss klar werden, dass auch Europa mit Arbeitslosigkeit und wirtschaftlichen Problemen zu kämpfen hat, die besonders Einwanderern den Zugang zum Arbeitsmarkt und damit zu materiellem Wohlstand erschweren; dass mithin das Leben in Europa für Migranten nicht zwangsweise leichter ist als in ihren Heimatländern.

Parallel dazu müssen ihnen aber auch legale Wege aufgezeigt werden, wie sie nach Europa kommen können. Diese Aufklärung muss von der EU als Trägerin ausgehen.

Hilfe für die betroffenen Länder
Die Europäische Union muss sich, auch in ihrem eigenen Interesse, ihrer Verantwortung für die politische Stabilität in den umliegenden Regionen bewusst werden. Politische Krisen müssen früh erkannt und engagiert bekämpft werden. Die Einhaltung von Menschenrechten muss gefordert und gefördert werden.

Für diesen Punkt und den vorangegangenen ist die Zusammenarbeit mit Communitys wichtig: Sie können in ihren alten Heimatländern Aufklärung betreiben, wichtige Bezugspersonen für Neuankömmlinge sein und gleichzeitig eine große Rolle beim Umbau ihrer alten Heimat spielen. Dafür freilich muss ihr Aufenthaltsstatus es ihnen ermöglichen, für eine Zeit in ihre alte Heimat zurückzukehren, ohne damit das Recht zum Aufenthalt in Europa zu verlieren. Das haben wir ganz ähnlich schon bei der Diaspora-Politik gesehen.

Neudefinition der Grenzsicherung
Die Sicherung der Außengrenzen muss nicht nur in ihrer Funktion als Abwehrmechanismus gesehen werden. Sie ist auch wichtig, um Menschen in Seenot retten zu können.

Besseres Clearing
Für Menschen, die einmal in Europa angekommen sind, müssen die Clearingverfahren verbessert werden. Es muss herausgefunden werden, ob es Angehörige oder Ansprechpartner der Ankömmlinge in Europa gibt, und dann der Kontakt hergestellt werden.

Wege zur legalen Einwanderung
Es muss verbesserte legale Wege geben, in die EU einzuwandern. Die EU braucht Migration, und zwar nicht nur im Bereich der Hochqualifizierten. Also muss sie sie auch steuern. Gleichzeitig muss die EU den globalen Wettbewerb um die besten Köpfe aufnehmen. Dr. Jakob von Weizsäcker, Ökonom und Mitarbeiter des renommierten Bruegel-Instituts in Brüssel, schlägt deshalb die Einführung einer „Blue Card" als Gegenstück zur amerikanischen „Green Card" vor, die diesem Wettbewerb gerecht wird. Mit einer solchen Karte könnte Europa als

einheitlicher Raum auftreten, der sich um die hochqualifizierten Menschen bemüht. Die Konkurrenz innerhalb der EU-Mitgliedsstaaten findet dann statt, wenn diese Experten sich für Europa entschieden haben. Auch der zuständige konservative EU-Kommissar Franco Frattini – nicht gerade als Held der liberalen Einwanderung bekannt – tritt immer wieder Initiativen zur Schaffung der Freizügigkeit für qualifizierte Einwanderer innerhalb der EU los. Er nennt seinen Vorschlag dann originellerweise doch „Green Card".

Die gesellschaftspolitische Situation in den EU-Ländern

Die europäischen Staaten sind in unterschiedlicher Weise von Migrationsbewegungen betroffen. Sowohl der Anteil der zugewanderten Bevölkerung als auch der Anteil der Einwanderer an der jeweiligen Gesamtbevölkerung der Länder variieren stark. Das (Ein-)Wanderungsgeschehen in der Union zeichnet sich allgemein durch drei Entwicklungen aus:

1. Der Umfang der ausländischen Bevölkerung nimmt beständig zu, sowohl in absoluten Zahlen als auch hinsichtlich des Anteils an der Gesamtbevölkerung. Laut einem Bericht vom Mai 2002, den die Europäische Kommission zur sozialen Lage erarbeitet hat, lebten zu diesem Zeitpunkt rund 19 Millionen Ausländer in der EU. (Das heißt: Nicht-EU-Bürger; Dänen oder Tschechen in Deutschland zum Beispiel zählen hier nicht dazu.)

Zwischen 1988 und 2002 ist damit der Anteil um 36 Prozent gestiegen.

Im gleichen Zeitraum hat sich der ausländische Anteil an der Wohnbevölkerung in Ländern mit ehemals niedrigem Ausländeranteil (z. B. Spanien, Finnland, Italien, Dänemark, Österreich, Portugal) verdoppelt oder sogar noch stärker entwickelt, während er in Ländern mit einem bereits hohen Anteil wesentlich gemäßigter gestiegen ist. Dies liegt vor allem daran, dass die meisten Staaten seit 1992 entweder eine Stabilisierung oder einen Rückgang des Umfangs an Neueinwanderung verzeichnen. Durch die Verschärfung des Asylrechts in den meisten Mitgliedsländern der EU ist die Zahl der Asylbewerber deutlich zurückgegangen. Der Familiennachzug und der Zuzug von temporären Einwanderern dagegen haben zugenommen, insbesondere bei Saisonarbeitern und hochqualifizierten Migranten.

2. Der Aufenthalt der Einwanderer hat sich verstetigt. Viele der Gastarbeiter der 1960er und 1970er Jahre haben sich dauerhaft niedergelassen und ihre Familien nachgeholt. Zudem nehmen einige EU-Staaten Menschen aus ehemaligen Kolonialgebieten und ethnische Volksangehörige als Einwanderer auf. In einigen Ländern werden Asylbewerber, deren Anträge abgelehnt worden sind, als dauerhafte Einwanderer geduldet.

3. Es findet eine Diversifizierung der zugewanderten Nationalitäten statt, z. B. in der Veränderung der geographischen Wanderungsmuster: Frankreich ist so beispielsweise immer noch das Hauptaufnahmeland für Einwan-

derer aus Nordafrika, aber Flüchtlinge und Migranten aus dieser Region lassen sich auch zunehmend in Italien, Belgien, Deutschland, den Niederlanden oder Spanien nieder.

Die Zahlen, die der Integrationsbericht der Bundesbeauftragten für die einzelnen Mitgliedsländer nennt, illustrieren diese Tendenzen. Fast alle Staaten der Europäischen Union haben seit 1995 einen positiven Wanderungssaldo, also mehr Zu- als Abwanderung. Nur die Niederlande weist seit 2003 wieder negative Wanderungssalden auf. Mehr Ab- als Zuwanderungen verzeichnen daneben die Beitrittsländer Polen, Lettland und Litauen. Im Gegensatz zu den alten EU-Staaten waren die meisten der mittel- und osteuropäischen Staaten seit Beginn der 90er Jahre durch verstärkte Abwanderung gekennzeichnet.

Ab 2002 zeigen allerdings die Tschechische Republik, Ungarn und Slowenien sowie Zypern und Malta positive Wanderungssalden. Wenn man sich die absoluten Zahlen der Jahre 2003 und 2004 ansieht, so hat Deutschland mit 769 000 bzw. 780 000 Zuzügen die höchsten Zuwanderungszahlen in Europa.

Dies sind allerdings auch die niedrigsten in diesem Land seit Beginn der 1990er Jahre. Zu den neuen Hauptzielländern entwickeln sich Italien und Spanien. 2002 kamen 483 000 Menschen nach Spanien – 1999 waren es noch 127 000 gewesen. Mit 470 000 Zuwanderern wurde in Italien 2003 ein neuer Höchststand erreicht.

Österreich hat 2004 127 399 Zuzüge gemeldet, dort hat sich die Zahl der Zuzüge seit 1996 beinahe verdoppelt. Deutschland verzeichnet zwischen 1991 und 2003 insgesamt fast 13 Millionen Zuzüge, das Vereinigte Königreich als zweitwichtigstes Zielland registrierte für diese Zeitspanne rund 4,9 Millionen Zuwanderer. Für Italien und Spanien wurden etwa 2,3 bzw. 2,2 Millionen Zuwanderer gezählt. Die Schweiz registrierte fast 1,6 Millionen, Frankreich und die Niederlande jeweils 1,5 Millionen Menschen. Dies sind immense Zahlen und hinter jeder dieser Zahlen steht ein Schicksal.

Die Maßnahmen auf europäischer Ebene können allerdings nicht darüber hinwegtäuschen, dass die verschiedenen europäischen Länder ganz unterschiedliche Traditionen im Umgang mit ihren Immigranten pflegen. Der geschichtliche Hintergrund prägt diese ebenso wie der aktuelle Wirtschafts-, Arbeits- und Wohnungsmarkt. Ich möchte das an drei Beispielen illustrieren, die die öffentliche Diskussion in letzter Zeit beschäftigt haben. Zweien davon, den Niederlanden und Frankreich, ist eine Kolonialgeschichte und lange Einwanderungserfahrung gemein, Dänemark dagegen ist erst seit vergleichsweise kurzer Zeit das Ziel von Einwanderung.

Beispiel Frankreich

Viel ist seit den Krawallen im Jahre 2005 über die Probleme der französischen Einwanderungssituation gesagt worden. Zum Teil sind sie sicher durch eine lange Tradition des lautstarken Protests zu erklären, die sicher für die Ausmaße der Krawalle mitverantwortlich ist.

Entscheidend ist aber etwas anderes: Jahrelang wurden die Migranten durch die Wohnraumpolitik in die Vorstädte verbannt. Man ging davon aus, dass durch die allgemeine Sozialpolitik, zu der der Wohnungsbau in den Vorstädten gehörte, auch die Integration der Zuwanderer wie von selbst laufen würde, zumal man sie rhetorisch ja schon längst integriert hatte.

Die Zahlen sprechen eine andere Sprache: So zählte man 2006 mehr als 75 000 Gewaltakte, darunter rund 32 000 Autobrände, 20 000 abgefackelte Müllcontainer und rund 4000 illegale Vorstadtrennen mit gestohlenen Autos. In so mancher französischen Vorstadt gehen die meisten Jugendlichen direkt von der Schulbank in die Arbeitslosigkeit; allein die Adresse einer Brennpunktsiedlung ist oft schon ein Einstellungshindernis. Die Jugendarbeitslosigkeit liegt bei circa 19 Prozent und ist damit beinahe doppelt so hoch wie die durchschnittliche Arbeitslosigkeit. Das Versagen der Schulen und die hohe Arbeitslosigkeit gehören zu den Hauptkritikpunkten der Jugendlichen.

Darüber hinaus ist das Verhältnis zwischen den Ordnungskräften (Polizei, Gendarmerie und vor allem der nationalen Bereitschaftspolizei CRS) und den jungen Menschen traditionell durch das allzu häufig rabiate Auftreten der Polizei massiv gestört; es wird durch verbale Attacken wie die von Innenminister Sarkozy gegen das „Gesindel", das „weggekärchert" werden muss, noch verschärft.

Dabei fehlen die guten Ansätze nicht: Vorbildhafte Programme der Integrationsarbeit vor Ort werden immer wieder angeboten, aber eher zyklisch als stetig. Sie folgen meist als unmittelbare Reaktion auf Unruhen und werden nach ein paar Jahren aus Gründen der Haushaltsdisziplin wieder eingestellt.

Trotzdem gilt zu unterstreichen, was vorhin schon gesagt wurde: Migranten sind anerkannte Bürger und der Protest ist größtenteils einer von französischen Staatsbürgern wegen nicht eingehaltener Versprechen ihrer Regierung. Einen wesentlichen Schritt sind die Franzosen uns also voraus. Gleichzeitig haben wir mit vielen Problemen nicht zu kämpfen, die in Frankreich dominant sind: extrem hohe Jugendarbeitslosigkeit, städteplanerische Segregation und damit einhergehende Stigmatisierung von Migrantenmilieus.

Beispiel Niederlande

Das gilt auch für die Niederlande. Ebenso wie Frankreich ein Land mit kolonialer Vergangenheit, gingen in den Niederlanden lange Zeit die private Einstellung der Menschen und die offizielle Rhetorik des Multikulturalismus klar auseinander. Dieser niederländische Multikulturalismus ging, das muss vorweg gesagt werden, mit einer offensiven Einbürgerungspolitik einher. Zuwanderer bekamen recht schnell den Pass und den Anspruch auf Hilfen des Sozialsystems. Das wurde besonders nach der Ölkrise 1973 wichtig. In der Folge der steigenden Arbeitslosigkeit wurden viele Migranten, auch junge, in das System der Arbeitsunfähigkeitsvorsorge gesteckt, wo ihnen auch nach dem Verlust der Jobs ein materielles Überleben sicher war. Dass diese Politik zu Neideffekten führte, muss nicht weiter erläutert werden.

Der holländische Multikulturalismus setzte auf eine starke kulturelle Unabhängigkeit der Menschen. Das führte zur Entstehung von Parallelgesellschaften in einem Maße, wie sie in Deutschland nicht vorkamen und -kommen. Schon zu Beginn der 90er Jahre wurde diese Rhetorik immer mehr zur leeren Hülse. Bereits die Regierung von Frits Bolkestein (später EU-Kommissar) gab zu erkennen, dass sie mit dem System unzufrieden war, das sie gleichzeitig jedoch als Exportschlager anpries. Man mokierte sich (zu Recht) anlässlich der Anschläge von Hoyerswerda über Deutschland, tat jedoch gleichzeitig nichts, um der Kehrseite der multikulturellen Ideologie, dem Rückzug und der Radikalisierung eines Teils der islamischen Geistlichen, entgegenzuwirken: „Jeder kann machen, was er will", schien die Devise.

Das führte zu Beginn des zweiten Jahrtausends zu einer sehr eigenartigen Konstellation. Die schillerndste Gestalt der Populisten war Pim Fortuyn, ein bekennender Schwuler, der die Freiheitsrechte der westlichen Gesellschaft gegen muslimische Reaktionäre verteidigen zu müssen glaubte. Seine Liste errang mit diesem Programm einen historischen Wahlerfolg – den er selbst nicht mehr miterlebte, weil er kurz vor der Wahl einem Mordanschlag zum Opfer fiel. Dieser Anschlag wurde im Gegensatz zum anderen großen politischen Mord in den Niederlanden, dem am Regisseur und Islamkritiker Theo van Gogh, nicht durch einen Muslim verübt. Attentäter war ein radikaler Tierrechtler, der sich anscheinend unter anderem durch Fortuyns Versprechen wie „wenn ihr mich wählt, dürft ihr alle wieder Pelze tragen" gestört fühlte.

Auch wenn Fortuyns Liste ohne ihn kurz nach der Regierungsbildung durch innere Querelen in sich zusammenfiel, so hatte sich doch etwas in der öffentlichen Debatte geändert: Der Islam war zu einem der Hauptfeinde geworden, konservative Äußerungen islamischer Geistlicher wurden in den Medien überbetont. Die Niederlande waren das westliche Land, in dem zwischen 2001 und 2003 die Gewalt gegen Muslime am stärksten zunahm.

Pim Fortuyn fand in Ayaan Hirsi Ali, einer Freundin des Filmemachers Theo van Gogh, eine schillernde Nachfolgerin. Theo van Gogh, dies noch einmal zur Erinnerung, war ein Filmregisseur, der seit langer Zeit gegen reaktionäre Tendenzen im Islam polemisierte (und Muslime dabei auch schon mal als „Ziegenficker" beschrieb), aber auch andere Religionen nicht verschonte.

Ali dagegen wurde in Somalia geboren, als Kind misshandelt und floh im Alter von 22 Jahren auf dem Weg zu ihrer Zwangshochzeit nach Europa. Sie holte in den Niederlanden ihr Studium nach und kandidierte 2003 für das Parlament. Ihre schrille und pauschalisierende Kritik am Islam ist aufgrund ihrer Lebensgeschichte sicher ein Stück weit nachvollziehbar, inhaltlich aber unhaltbar und politisch kontraproduktiv. Ironie des Schicksals: Ali wurde selbst Opfer einer Politik, deren Geister sie beschworen hatte. Die niederländische Integrationsministerin Verdonk wollte ihr in einer medienwirksamen Aktion im Frühjahr 2006 die niederländische Staatsbürgerschaft entziehen, da sie bei ihrer Einbürgerung falsche Angaben gemacht hatte, was Ali selbst nie bestritten hat.

Nach einem langen Hin und Her wurde die Entscheidung schließlich widerrufen. Die Regierung Balkenende, zu der Verdonk gehörte, scheiterte wenig später, und so ging auch das Kapitel der konservativen Gegenreaktion auf das Multikulti-Problem in den Niederlanden vorerst zu Ende.

Die eigenartige Konfrontation in den Niederlanden, wo mit Ali, van Gogh und Fortyun drei populistische Gestalten mit liberalen Positionen gegen den angeblich rückschrittlichen Islam polemisierten, hat in der europäischen Debatte jedoch Spuren hinterlassen. In Italien zum Beispiel greift das Intelligenzblatt der Rechten „Il Foglio" (unter der Leitung des Exkommunisten und späteren Berlusconi-Sprechers Giuliano Ferrara) diese Argumentation in einem Diskurs zur Sicherung der Werte des „christlichen Abendlandes" regelmäßig wieder auf, freilich unter leicht verschobenen Vorzeichen: Denn Italiens Rechtsintellektuelle dürften sich mit der Christensatire eines van Gogh oder der offenen Homosexualität eines Fortuyn kaum anfreunden können. Was also im ursprünglichen Kontext der schrillen Polemik gegen reaktionäre Tendenzen in allen Religionen als Islamkritik noch halbwegs nachvollziehbar war, wurde zunehmend zur gedankenlosen Islam-Hetze. Deren bestimmender Charakter ist eine Verdammung der gesamten Religion aufgrund der Praxis einiger Extremisten (die selbstverständlich kritisiert werden muss).

Die Debatte in den Niederlanden bleibt also spannend. Und auch hier kann man etwas lernen: Die undifferenzierte Argumentation für oder gegen ein ideologisches Großprojekt führt zu keinen vernünftigen Ergebnissen. Auch von diesen Nachbarn können wir uns in Sachen Partizipation noch so manche Scheibe abschneiden – und lernen, welche Diskussionen man lieber aussparen sollte.

Beispiel Dänemark: Der Karikaturenstreit

Die dänische Zeitung „Jyllands-Posten" sorgte für weltweite Schlagzeilen, auch in eigener Sache, als sie im September 2005 Karikaturen des Propheten Mohammed veröffentlichte. Die gewaltsamen Proteste, die daraufhin im Nahen Osten und in anderen islamischen Regionen tobten, haben in Europa eine Debatte über die Grenzen der Presse- und Religionsfreiheit angestoßen. Was auf den ersten Blick wie eine Debatte um die Pressefreiheit aussah, stellte sich auf den zweiten Blick als eine geplante Aktion von extremistischen Scharfmachern auf beiden Seiten dar. „Jyllands-Posten" war nämlich auch in der Vergangenheit schon durch ausländerfeindliche Hetze aufgefallen. Es spricht Bände, dass die Redaktion 2003 nicht bereit war, Karikaturen von Jesus zu drucken, mit der Begründung, diese könnten die Leser beleidigen.

„Jyllands-Posten" hatte mit der Veröffentlichung der Mohammed-Karikaturen nur ein Ziel: Provokation. Die Rechnung ist leider aufgegangen, auch aufgrund der Hilfe einer Gruppe dänischer Imame, die ein Dossier zum Thema zusammenstellten, das sie auf einer Reise durch Ägypten und den Libanon vorstellen wollten, um sich als Opfer zu stilisieren. Dort waren neben den in der Zeitung veröffentlichten Zeichnungen noch andere, weitaus extremere Bilder enthalten, die „Jyllands-Posten" angeblich empörten muslimischen Leserbriefschreibern zukommen ließ.

Islamische Fundamentalisten haben die Steilvorlage bereitwillig angenommen. Es geht diesen Aktivisten nicht um verletzte religiöse Gefühle, sondern um Macht und politische Interessen. In diesen Kontext passt auch die Beschwörung des anti-israelisch-/antisemitischen Feindbilds. Diese Hass-Formel hat autokratischen Herrschern im Nahen Osten immer schon gute Dienste geleistet: Kann man Israel oder dem Westen die Schuld an allem zuschieben, dann trägt der eigene Laden keine Verantwortung mehr. Man könnte den Eindruck gewinnen, dass islamophobe Europäer und islamische Fundamentalisten sich gegenseitig die Bälle zuspielen.

Nach einigen kleineren Kundgebungen war der 3. Februar 2006 der Auftakt einer andauernden Reihe gewalttätiger Demonstrationen, die bis heute Nachwirkungen haben, zum Beispiel in der Form von infamen Holocaust-Karikaturen-Wettbewerben in radikalen islamischen Blättern. Von Mauretanien bis Iran verließen damals Gläubige und Fundamentalisten geschlossen ihre Freitagsgebete, um zu demonstrieren. In fast allen Ländern wurden sie von den Predigern dazu aufgefordert. Diese Prediger wiederum wurden – zumindest in Großstädten – von den Regierungen ausgewählt.

Die ersten Botschaften brannten einen Tag später in Damaskus. Man muss dazu wissen, dass im autoritären Staat Syrien Demonstrationen prinzipiell nur dann stattfinden, wenn das Regime diese erlaubt – jede Demonstration ist also in gewisser Weise eine Staatsdemonstration. Am Sonntag wiederum gab es Ausschreitungen in Beirut, der Hauptstadt des Libanon. Libanon ist ein multikonfessionelles Land mit einer blutigen Geschichte. Die Trennlinie zwischen den Religionen verläuft hier häufig zugleich entlang parteipolitischer Differenzen, was zu einem nur fragilen Frieden führt. Die Eskalation der friedlich geplanten Demonstration hatte gerade in Beirut eine besondere Note. Übergriffe auf Kirchen und christliche Viertel gerade an einem Sonntag sind in diesem Land eine besonders schwere Provokation.

Ein genauer Blick auf die Reaktionen in den einzelnen Ländern zeigt also, dass die Ursachen für diese Ausschreitungen vielschichtig und in jedem Fall verschieden sind. Erst ein Blick auf die politische Situation des jeweiligen Landes lässt Schlüsse zu. „Die islamische Welt" gibt es eben genauso wenig wie „den Westen".

Diese Fakten dürfen eines nicht vergessen machen: Die breite Empörung über die Karikaturen in der islamischen Welt war und ist echt. Diese Empörung wird derzeit jedoch häufig politisch missbraucht. So versuchen Extremisten auf beiden Seiten, ihre Verwurzelung in den Gesellschaften zu vertiefen. Denn ebenso wie die Positionen der „Jyllands-Posten" in Europa sicher nicht der Mehrheitsmeinung entsprechen, sind auch in den meisten islamischen Ländern extremistische Positionen derzeit (noch) nicht mehrheitsfähig – beide Seiten tun jedoch ihr Bestes, dies zu ändern. Besonders bemerkenswert war in diesem Zusammenhang zu beobachten, dass so manch ein Verfechter der Meinungsfreiheit im Falle der Karikaturen später die MTV-Satire „Popetown" über den Papst von den Bildschirmen verbannen wollte. Dabei ist „Popetown" eine Satire aus dem Innern der eigenen kulturellen und religiösen Bezugsfelder, während die Karikaturen von außen kamen.

Die Erkenntnis darüber, wo der „Karikaturenstreit" politische und nicht kulturelle oder religiöse Dimensionen hat, führt zwangsläufig zu einer Schlussfolgerung:

Die These Samuel Huntingtons über den „Kampf der Kulturen" ist mehr als zweifelhaft. Allerdings hat der Karikaturenstreit nicht nur eine außen-, sondern auch innenpolitische Dimension, schließlich leben auf dem Gebiet der Europäischen Union schätzungsweise 15 Millionen Muslime. Auch unter ihnen sind viele über die Karikaturen empört, doch reagieren sie besonnen und drücken ihren Protest friedlich aus. Diese an sich selbstverständliche Reaktion sollten auch jene Innenpolitiker zur Kenntnis nehmen, die in Muslimen in erster Linie ein Sicherheitsrisiko sehen und sich derzeit bei dem Versuch übertreffen, immer höhere Hürden für die Einbürgerung zu schaffen. Außerdem kann ein enger Dialog mit den muslimischen Minderheiten in den europäischen Staaten bei ähnlichen Konflikten auch als Frühwarnsystem fungieren, sowohl innerhalb unserer Grenzen als auch außerhalb. Wenn es europäischen Muslimen zudem gelänge, einen modernen Islam zu entwickeln, hätte das eine weit über Europa hinausreichende Signalwirkung. Man kann sich vorstellen, wie die Radikalen beider Seiten gerade eine solche Entwicklung fürchten.

Natürlich ist auch der Karikaturenstreit nur im Kontext der dänischen Innenpolitik zu verstehen. Dänemark ist kein traditionelles Einwanderungsland. Im Gegenteil sind in der frühen Nachkriegszeit zahlreiche dänische Bürger ausgewandert. In nennenswerter Größe gab es Einwanderung erst in den 1960er Jahren, als dänische Unternehmen Arbeiter aus der Türkei, dem ehemaligen Jugoslawien und Pakistan anwarben. 1973 wurde ein Anwerbestopp verhängt, der Menschen aus Drittstaaten so gut wie keine Möglichkeit der Zuwanderung mehr gab.

Seit 1985 hat vor allem die Zahl der De-facto-Flüchtlinge und der Asylbewerber zugenommen. Die wichtigsten Herkunftsländer waren dabei Afghanistan, der Balkan und Somalia. Die Grundlagen der restriktiven dänischen Migrationspolitik haben sich über die Jahre hinweg wenig verändert. Die Zuzugsbestimmungen wurden 1998 noch verschärft, der Druck, Integrationsmaßnahmen zu ergreifen, stieg. So wurde 1999 mit dem „Integration Act" ein Einführungs- und Sprachkurs für alle Neuzuwanderer installiert. Die Übernahme der Regierungsämter durch die konservativ-rechtsliberale Koalition 2001 brachte weitere Einschränkungen mit sich. Vor allem die Familienzusammenführung wurde drastisch erschwert.

Auch hier haben wir es also mit einer Konfrontation und Zuspitzung zu tun, diesmal allerdings auf der Grundlage einer Migrationsgeschichte, die der deutschen nicht unähnlich ist. Der Karikaturenstreit muss uns also als Warnung dienen, auf die Bestrebungen der Extremisten von beiden Seiten nicht hereinzufallen.

Perspektive Europa

Die europäische Migrations- und Integrationsdebatte verläuft völlig uneinheitlich, obwohl ein Handeln im Rahmen der EU-Freizügigkeit und im Sinne eines gemeinsamen Raums der Freiheit und der Sicherheit absolut notwendig ist. Die Unterschiede in den innenpolitischen Situationen der jeweiligen Nationalstaaten erschweren bisher eine europäische Debatte massiv. Die Gründe hierfür sind mannigfaltig.

Zu ihnen gehört auch die Unvergleichbarkeit parteipolitischer Landschaften. Das Programm der konservativen schwedischen Partei „Moderate Party" lässt sich im Hinblick auf die Migration am besten mit dem Programm der Grünen Partei in Deutschland vergleichen.

Diese Uneinheitlichkeit ist jedoch kein Grund, auf eine kohärente nationale Migrations- und vor allem Integrationspolitik zu verzichten und dabei von den Erfolgen und Fehlern der Nachbarstaaten nicht zu lernen. So reicht ein Blick auf die Erfolgsmodelle, um festzustellen, dass Integration Geld kostet. Und das bedeutet, dass Sie niemanden ernst nehmen dürfen, der von Integration spricht, aber nicht bereit ist, die lohnenden Investitionen dafür zu tätigen. Es gibt aber auch sehr viele Bereiche, in denen unsere Nachbarn von uns lernen können. Denn Deutschland hat vieles richtig gemacht.

Anhang – oder: Wie Integration gelingt

Now follow me and do exactly what you see. Don't you wanna grow up to be just like me!
(Eminem)

Deutschland hat vieles richtig gemacht. Aber vieles bleibt noch zu tun. Hier die wichtigsten Ansätze für ein besseres Zusammenleben.

■ Die Probleme genau benennen
Die meisten Integrationsprobleme sind rechtlicher oder sozialer Natur. Wer sie kulturalisiert, manövriert die Debatte in eine doppelte Sackgasse: Ein Ende ist von Kulturrelativismus zugemauert, das andere von der fatalistischen Grundeinstellung, dass Mehrheit und Minderheit niemals zusammenkommen können. Außerdem lenkt diese ideologische Debatte von der Notwendigkeit ab, für Integrationspolitik Geld in die Hand zu nehmen.

■ Kommunalisieren statt Ideologisieren
Leitkulti versus Multikulti, das ist dem echten Integrationsarbeiter im Stadtteil völlig egal.

■ Die Loyalitätsparanoia aufgeben
Dieses Land muss von der fixen Idee loskommen, Inländer ohne deutschen Pass oder Deutsche mit nichtdeutschem Hintergrund wollten dem Gemeinwohl schaden.

Die Institutionen müssen beim Abbau dieses Vorurteils vorangehen. Man kann loyaler deutscher Bürger sein und gleichzeitig chinesische Traditionen pflegen.

- Den Zugang zum Arbeitsmarkt sichern

Der Arbeitsmarkt stellt die wichtigste Basis für die Integration dar. Folglich müssen Zugangschancen zum Arbeitsmarkt die wichtigste Priorität aller politischen Maßnahmen sein.

- Perspektiven ermöglichen

Keine Integration ohne dauerhafte Perspektive. Migranten müssen eine Perspektive haben. Sie müssen ein Bleiberecht bekommen. Wer auf gepackten Koffern sitzt, lässt sich nicht auf das Land ein.

- Dem Recht Geltung verschaffen

Absoluten Vorrang muss die Einhaltung der Rechtsnormen haben. Integration findet auf dem Boden der deutschen Rechtsordnung statt, die Ausdruck der geschichtlichen und kulturellen Erfahrung dieses Landes ist. Bei Verstößen gegen diese Normen darf es keine Toleranz geben.

- Das Bildungssystem individualisieren

Durch die Realität der multikulturellen Gesellschaft werden die Hintergründe der einzelnen Schüler immer verschiedener. Das Bildungssystem muss darauf eingehen und die Förderung des einzelnen Schülers in den Mittelpunkt seiner Bemühungen stellen.

- Deutsch lehren

Bei aller notwendigen Förderung der Mehrsprachigkeit muss der Grundsatz gelten: „Deutsch zuerst!" Das Beherrschen der Mehrheitssprache ist in jedem Land für den sozialen Aufstieg unverzichtbar.

- Kommunale und regionale Bezüge in Integrationskursen herstellen

Für den Einwanderer in Stuttgart ist die Geschichte von Mercedes-Benz interessanter und lebensnaher als die Historie der Kreidefelsen auf Rügen.

- Vorbilder aufbauen

Es gibt auf allen Ebenen Vorbilder gerade für junge Menschen. Diese müssen in die Integrationsarbeit einbezogen werden.

Dank

Ich danke Michael Hack und Gabriele Neimke für ihre unermüdliche Unterstützung, Melanie Schnatsmeyer für ihre Toleranz und meiner Mutter für die Attitüde.

Gegen alle Klischees

Hilal Sezgin
Typisch Türkin?
Porträt einer
neuen Generation

192 Seiten, Paperback
ISBN 978-3-451-28875-3

Ob als Frauenärztin oder Popmusikerin, ob als Rechtsanwältin oder Hausfrau, ob mit Kopftuch oder ohne: „Typisch Türkin" gibt's nicht mehr. Das bunte Panorama einer Generation entsteht, die den Spagat wagt zwischen Integration und Tradition – mit sehr unterschiedlichen Ergebnissen. Ohne die Schattenseite zu unterschlagen, wird endlich aufgeräumt mit dem obskuren Mythos der Parallelgesellschaften. Ein mitreißend geschriebenes Plädoyer für eine offene Gesellschaft. Und: ein Appell, das Projekt Integration endlich ernst zu nehmen.

HERDER